ハーブ&スパイス recipe 105

たったひとふりの魔法

監修 クックパッド

光文社

おうちごはん需要が高まる近年。
いろいろな料理に挑戦する人が増え、「料理の幅を広げたい」「マンネリを解消したい」「海外の味を家で体験したい」という気持ちから注目が高まったのが、ハーブやスパイスの存在。
スーパーではハーブやスパイスのコーナーが拡大し、クックパッドでも、ハーブやスパイスを使った料理の投稿や検索が急上昇！
手に入りやすいうえ、使いやすいパッケージで売られていることで、ますます身近なものになりつつあります。

一方で、「まだまだハードルが高くて使いこなせない」という声や「レパートリーが少なくいつも同じ使い方になってしまう」、「初めて買うものはどうやって使ったらいいかわからない」という声も。
特にスパイスやドライハーブは、一度買うとしばらくもつので、レパートリーがないと戸棚のこやしになってしまいかねません。

そこで、今回はハーブとスパイスを初めて使う人にもわかりやすく使いこなせる、
おいしくて簡単なレシピをご紹介します。
クックパッドから厳選したレシピだから安心！
また、人気料理家3名による、本書限定のレシピもたっぷりとご紹介します。
いずれも、「作りやすく」「ぐっとおいしく」をモットーに。

太古の昔から世界中で人々が料理に使ってきたハーブとスパイス。
日本の家庭でも世界中の味が再現できる時代になりました。
海外を料理で旅する体験を、どうぞ楽しんでください。

この本を手にとった人は、きっと、
ハーブやスパイスの魔法をかけられるようになるはず。

Contents

ハーブ&スパイスの魅力 6
ハーブ&スパイス辞典 8
上手な保存方法／スパイスミル 17

Part 1
ワンランクおいしいおかずになる
ハーブ&スパイスのちょい足し
毎日レシピ
by上田淳子

バジルのきいたミートボールのトマト煮 20
ディルのきいたアクアパッツァ 22
サーモンのソテー ディルヨーグルトソース 24
えびとじゃがいものハーブアヒージョ 25
ゆで卵とほうれんそうのカレークリームグラタン 26
ローズマリー風味のフィッシュアンドチップス 27
鶏肉のカチャトーラ 28
豚しゃぶと春雨のエスニックまぜサラダ 30
しっとりよだれ鶏 31
ぶりの照り焼き五香粉風味 32
えびとパクチーの水餃子 34
ラムのクミン炒め／
サモサ風　ポテトとひき肉のクミン風味春巻き 36
さばの竜田揚げ花椒まぶし 38
ウーロン煮豚のスパイスじょうゆ漬け 39

Part 2
ごはんもの・めん・パン
本場のクイック
1品ごはん
byツレヅレハナコ

炊飯器カオマンガイ 42
簡単ビリヤニ 44
ガパオライス 46
ルーロー飯 47
フライパンパエリア 48
ビビンパ 49
バインミー／食パンピロシキ 50
牛肉のフォー 52
ラクサ 54
汁なし担々めん 55
韓国じゃじゃめん 56
クンオップウンセン 57
ポークビンダルー／ターメリックライス 58
チキン、なす、たけのこのグリーンカレー 59

クックパッドから厳選したカレー
本格スパイスチキンカリー 62
簡単バターチキンカレー 63
インド気分♪ なサグチキンカレー 64
なすたっぷり！本格スパイスキーマカレー 65

Part 3
ハーブ&スパイスで
世界を旅する
おつまみレシピ

ツレヅレハナコさんのおつまみツアー
大根のソムタム風／メネメン／
じゃがいもとハムのガレット／餃子の皮ペリメニ／
ひとくちアランチーニ 68

クックパッドから厳選！ワインに合うつまみ
サーモンのカルパッチョ／
スパイス好きの簡単スパイシーチキン／
ポップコーンシュリンプ／
オリーブのおつまみ☆バルサミコハーブあえ 70
かぼちゃとクリームチーズのキッシュ／
バッファローウィング／
ちょいフレンチなキャロットラペ生春巻き／
万能ハーブチーズ 72

小堀紀代美さんのおつまみツアー
えびトースト／いんげんのピリ辛あえ 冷奴にのせて／
ポンデケージョ／スパイシーローストナッツ 74

クックパッドから厳選！アジアのつまみ
台湾茶葉煮卵／ピリ辛空心菜炒め／
ひき肉となすのバジル炒め 76
ひよこ豆のフムス／サルサ&チップス／
インド直伝！タンドリーチキン／
にんじんのハーブスパイスピクルス 78

上田淳子さんのおつまみツアー
パクチー入りのワカモレ／
鶏肉とカリフラワーのサブジ／
ミント風味のツナ入りライスサラダ タブレ風／
刺身のユッケ 80

クックパッドから厳選！ おうち居酒屋
スパイスまみれ★香ばし唐揚げ／
ポリ袋でスパイシーきゅうり／枝豆のスパイス炒め／
大人のスパイシー餃子 82
サクサクジューシーな鶏肉の香草パン粉焼き／
パセリ大量消費！ ポテトサラダ／
バジルのえび春巻き／
なすのバジルみそチー田楽 84

Part 4
ハーブ&スパイス使いで本場の味。
お店みたいな
ごちそうテーブル by小堀紀代美

台湾中華のテーブル
台湾唐揚げ／たたききゅうりの花椒ディルあえ／
皿ワンタン／トマト牛肉めん 88

モロッカンテーブル
さやいんげんのサラダ／白身魚と野菜のタジン／
クスクス／ハリラスープ／
チキンとドライフルーツの煮込み 92

タイテーブル
えびの卵カレー炒め（プーパッポンカリー風）／
刺身いかのヤムウンセン／ラープ／
あさりのガパオ炒め 96

「クックパッド」のレシピについて
●レシピ名、レシピ作者名、レシピIDをレシピとともに掲載しています。
●レシピの一部は、レシピ作者の意図の変わらない範囲で光文社編集部にて編集しています。投稿されている元のレシピをご覧になりたい場合は、レシピIDを利用してクックパッド（cookpad.com）で検索してください。

Part 5
放り込むだけ！
鍋と毎日スープ

火鍋 102
魚介のトマトバジル鍋 104
レモングラス鍋 106
チーズプデチゲ 108
豆乳カマンベールチーズ鍋 110
トマトカレー鍋 111
フィンランド風 サーモンスープ 112
トマト、キャベツ、玉ねぎのミネストローネ／
スパイスミルクスープ 113
にんじんのスパイスポタージュ／
材料3つ！5分でできるミントスープ 114
ローズマリーのハーブスープ／
チャイ風かぼちゃスープ 115
うま辛スンドゥブチゲ 116
ハーブとスパイスの野菜レンズ豆スープ／
ピリ辛！ 中華風春雨スープ 117

ハーブ&スパイスの大人スイーツ
スパイスアールグレイシフォンケーキ 118
チーズ、ハーブ、岩塩のクッキー 120
シナモン香る！ 丸ごと焼きりんご 121
スパイシーラム・チーズケーキ 122

ハーブ&スパイスでひとやすみドリンク
こだわりスパイスの本格チャイティー／
はちみつレモン&ハーブ☆ドリンク／
自家製★クラフトコーラ 124

Herb & Spice 別 INDEX 126

この本のルール
●大さじ1=15mℓ、小さじ1=5mℓ、1カップ=200mℓ、米の1カップ（1合）=180mℓです。1mℓは1ccです。
●電子レンジのW数は特に指定のない場合は600Wのものを使用しています。500Wの場合は時間を1.2倍にしてください。
●電子レンジやオーブン、トースターなどの調理器具をご使用の際には、お持ちの機種の取扱説明書に従ってください。
●野菜は特に指定のない場合、洗う、へたをとる、皮をむくなどの処理は行っています。肉の余分な脂身等の処理も同様です。
●火加減は特に指定のない場合、中火で調理を行っています。
●「こしょう」は特に指定のない場合、お好みのこしょうをご使用下さい。

ハーブ＆スパイスの魅力

極上の香り、味で
ワンランク上の
本格料理になる

ハーブやスパイスはそれぞれ独特の香りや味わいを持ち、少量加えるだけでぐっと料理を引き立ててくれます。いつものおかずにスパイスをきかせるだけで脱マンネリ。世界各地の料理も、ハーブやスパイスを使うことで本場の味を再現できちゃう！

使い方は意外に簡単！

近年はスーパーでもハーブ・スパイスコーナーの品揃えが豊富で、スパイスはコンビニでも扱っている店舗があるほど。フレッシュハーブは少量ずつパックに入って売られており、スパイスやドライハーブは小瓶に入って振りかけるタイプも多く、使いやすい♪

ドライのものは保存がきく

スパイスやドライハーブは、上手に保存すればしばらく使うことができます。自分好みのものを少しずつ集めると料理の世界が広がり、より一層楽しくなるはず。また、ハーブやスパイスを使うことで、料理自体の保存性を高めてくれる効果も。保存食などにもよく使われます。

健康・美容効果が高い

単なる香りづけでなく、健康や美容に効果的な成分が含まれているものもいっぱい。スパイスには、消化促進、肝機能促進、殺菌・解毒作用、美肌効果、脂肪燃焼効果などさまざまな効果が期待でき、ハーブもデトックス効果などが期待できるものが多数。

肉や魚介の臭み消し効果も

肉や魚介の下味にすり込んだり、最後に散らすことで、臭みを消し風味よく調理することが可能。例えば、臭みの強いラム肉の調理に、中国、インド地方、中東、ヨーロッパなど各地で、クミンやパクチー、タイム、ローズマリーを使う料理が多いのもそのためです。

Fresh Herb

フレッシュハーブ事典

バジル

シソ科の香りの強いハーブ。様々な種類があるが、代表的な品種であるスイートバジルが日本でもポピュラー。イタリア料理をはじめ、タイや台湾などアジアでもよく使われる。

イタリアンパセリ

一般的なパセリのように葉が縮れておらず見た目はパクチーと似ている。縮れ葉のパセリと比べ苦みが少なく、歯ざわりがやわらかく、香りがよい。イタリア料理ではよく使われる。

ローズマリー

葉に力強い香りのある常緑低木。ラム肉、豚肉、青魚などクセのある素材の臭み消しに役立つ一方、鶏肉、じゃがいもなど淡白な素材の風味づけにも活躍する。生のままだとかたい。

ディル

やわらかな細い葉が特徴のセリ科のハーブ。葉や茎にすっきりとした爽やかな芳香があり、かむとほんのりと甘みを感じる。魚介類と相性がよく、特に鮭（またはサーモン）と一緒に使われる。

タイム

フレッシュな香りが強く、魚介類によく合うハーブ。加熱しても香りが飛びにくいため、煮込みやオーブン料理にも向いている。加熱しても枝はかたいので食べるときはとり除いて。

ミント

シソ科ハッカ属の総称。爽快感および冷涼感を与えるメントールに富む。ペパーミントは香りが強く、メントールの含有量も多い。スペアミントの香りは比較的弱く、甘い香り。

今では多くのスーパーで見かける、
小分けパックに入ったフレッシュハーブ。
フレッシュなハーブは香りが抜群！

オレガノ

ヨーロッパ地中海沿岸原産シソ科ハナハッカ属。香りがよく、甘み、辛み、ほろ苦みのバランスが◎。フレッシュよりもドライのほうが青臭みが消え香りが立つとされ、ポピュラー。

セージ

ヨーロッパ地中海沿岸原産のシソ科のハーブ。古くから「長寿のハーブ」と呼ばれ、ハーブティーとして親しまれる。よもぎに似た爽やかな強い芳香とほろ苦さを持ち、肉や魚料理にも◎。

チャービル

セリ科シャク属。フレンチパセリ、セルフィーユ、ガーデンチャービルとも呼ばれ、パセリに類似する。マイルドな味わいの料理の風味づけに。乾燥すると香りが落ちるので生で使うのが望ましい。

パセリ

世界で最も使われているハーブのひとつ。日本では葉が縮れたパセリが一般的。料理の付け合わせや飾りとして使われることが多いが、野菜として食べるのも美味。栄養価も非常に高い。

パクチー（香菜）

別名コリアンダー、香菜。中国、タイ、インド、ベトナム、メキシコ、ポルトガル料理など広く用いられ、葉はもちろん、茎や根もタイ料理には欠かせない。特有の味わいと強い香りを持つ。

レモングラス

インドをはじめ、熱帯アジアを原産とするハーブ。レモンのようなフレッシュな風味がある。日本では葉のほうが手に入りやすい。タイなどでは葉鞘（かたく繊維質の茎）もよく利用される。

Dry Herb

ドライハーブ事典

ハーブミックス

“イタリアンハーブミックス”とも呼ばれ、バジル・オレガノ・パセリ・タイムなどをバランスよくブレンドしたミックススパイス。パスタ、ピザ、肉料理、魚介料理、スープなどに。

バジル

バジルを乾燥させたもののみじん切り。「ハーブの王様」と呼ばれる人気のハーブ。トマト、にんにく、肉、魚介類などと相性がよく、幅広い料理に使える。特にイタリアンには欠かせない。

ローリエ

別名、ローレル、月桂樹（げっけいじゅ）など。香りづけや肉の臭みを消す働きがあり、カレーやポトフなどの煮込み料理、マリネなどによく使用される。生よりドライのタイプが一般的。

オレガノ

生よりドライのほうが香りがよいとされ、一般的にはドライがよく使われ、みじん切りとパウダータイプが出回る。香りが強く、ほろ苦さのある爽やかさが特徴。バジルと並んでトマトによく合う。

パセリ

別名、オランダゼリ。パセリの香り成分は不揮発性なので、食べると初めて香りを強く感じることができる。料理の仕上げや飾りに。ほとんどすべての洋風素材と合う万能ハーブ。

タイム

ホールとパウダータイプがある。ホールはフリーズドライとそうでないものがあるが、フリーズドライのほうが香りや色がよい。魚の臭みを消し、肉とも相性がよい。西洋料理に欠かせない。

スーパーやコンビニなどで、小瓶に入って売られているドライハーブ。日もちがするので常備でき、振りかけるだけだから使いやすい♪

パクチー（香菜）

別名コリアンダー、香菜（シャンツァイ）。葉を乾燥させてチップにしたもの。東南アジア、中国料理などにエスニックな香りをプラス。フレッシュの香りには劣るが、常備できるので便利。

ローズマリー

フレッシュ同様、肉や魚の臭み消し、または鶏肉、白身魚、いもなど淡白な素材の風味づけにも◎。揉みながら加えると香りがアップ。かたいので火をよく通す料理やこんがり焼く料理に使って。

レモングラス

葉の部分をドライにしたもの。長めのタイプもあれば、写真のように短いカットのものも。ドライのレモングラスも折ったり揉んだりするとレモンのようなよい香りがアップする。

エルブ・ド・プロヴァンス

エルブはハーブ、プロヴァンスは南仏地方の地名。南仏で使われるローズマリー、タイム、セージなどをバランスよくブレンドしたもの。肉や魚、野菜、卵など幅広い素材と好相性。

ブーケ・ガルニ

洋風煮込み料理に欠かせないローリエ、セロリなどを束ねたハーブの束。本来はハーブ類をたこ糸で束ねたものだが、近年は家庭で手軽に使えるよう布ごと料理に加えられるタイプ（写真）も。

セージ（パウダー）

セージをドライにしてパウダーにしたもの。ホールもあるが、パウダータイプのほうが入手しやすい。よもぎのような清涼感のある芳香とほろ苦さが特徴。肉、魚料理ともによく合う。

Spice

スパイス事典

ブラックペッパー（ホール）

別名、黒こしょう。ピリッとした辛みと爽やかな香りが特徴。下味、調味、仕上げにと使われる「スパイスの王様」。

ブラックペッパー（粗びき）

黒こしょうをひいたもの。肉や魚、いも、卵料理などクセの強いものから淡白なものまで合う。好みの粗さのものを使い分けて。

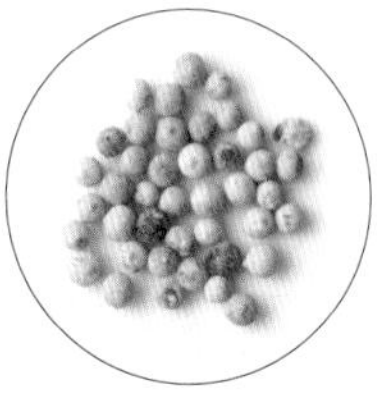

ホワイトペッパー（ホール）

別名、白こしょう。収穫した実を水につけて果皮をとり除いたあとで、核の部分だけを乾燥させたもの。

ホワイトペッパー（パウダー）

ホールの白こしょうをパウダーにしたもの。クリームシチューなど、料理の風味や色を損なわずに辛みをつけることができる。

ピンクペッパー

コショウ科のホワイトやブラックペッパーとは別種の植物。美しいピンク色が特徴で、辛みはなく、香りが強い。

カイエンペッパー（パウダー）

別名、チリペッパー、カイエンヌペッパー、レッドペッパー。赤い唐辛子を乾燥させ、パウダー状にしたもの。

チリパウダー

唐辛子ベースのミックススパイス。100％唐辛子のカイエン（チリ）ペッパーパウダーと間違えやすいので注意。

ナツメグ（パウダー）

ニクズクという果実の種子を割った核の部分を粉末に。世界4大スパイスのひとつ。肉の臭みを抑え、野菜の甘みを引き出す。

ジンジャーパウダー

しょうがを、乾燥させてパウダーにしたもの。炒めもの、クッキー、ドレッシング、紅茶などにパパッと使えて万能。

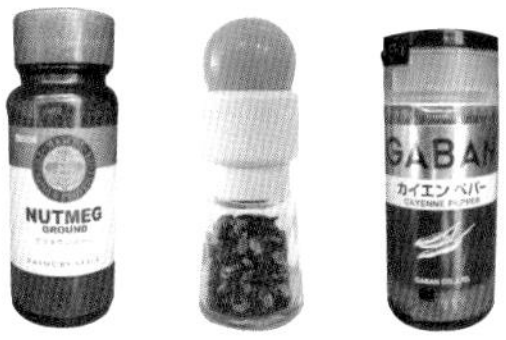

**世界中で使われるスパイスも、日本のスーパーやネットで
小瓶に入って使いやすく加工されて売られています。
パウダー状、ホール状など使い分けて。**

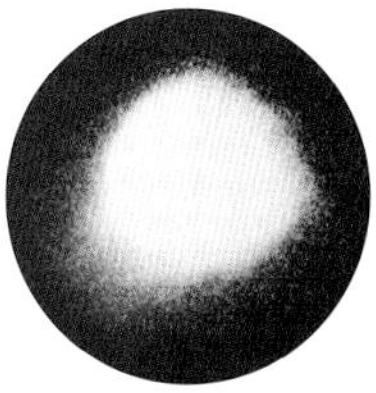

ガーリックパウダー

にんにくを乾燥させてパウダー状にしたもの。肉料理の下味や、さまざまな料理の調味に、手間なくいつでも使えて便利。

クミン（ホール）

別名、クミンシード。地中海地域、中東、中央アジア、南アジアでよく使われる。カレーに必須のスパイス。辛みは少ない。

クミン（パウダー）

クミンシードを乾燥させてパウダーにしたもの。食材にまぜ込んだり、途中で加えるときも手軽に使えるのが魅力。

オールスパイス

単体のスパイスだが、シナモン、クローブ、ナツメグをまぜたような香りからそう名づけられた。ホールよりパウダーが一般的。

カルダモン（ホール）

甘くエキゾチックな香りがし、高価だったことから「スパイスの女王」と言われる。カレー粉の主材料のひとつ。

カルダモン（パウダー）

カルダモンホールを粉状にしたもの。料理の仕上げや素材にませ込むのにパパッと使いやすい。カレーや、お菓子などにも。

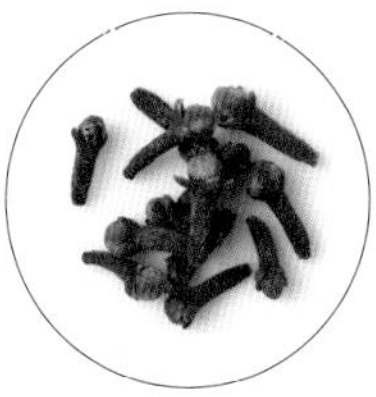

クローブ

熱帯・亜熱帯地方で成長する常緑樹。パウダー状の製品もある。甘く濃厚な香りとスパイシーで刺激的な風味が特徴。

コリアンダーシード

パクチーの完熟した種子を乾燥させたもの。葉の部分とは違った甘く爽やかな香り。食感を楽しむ料理に。

コリアンダーパウダー

コリアンダーシードの粉末。爽やかでスパイシー。炒めものやスープ、お菓子に。カレー粉の原料のひとつ。

Spice

スパイス事典

ディルシード

ディルの種を乾燥させたスパイス。クミンやキャラウェイシードと似た見た目で、甘く爽やかな香り。

キャラウェイシード

すっとした爽やかな香りで、ザワークラウトの定番スパイス。肉のシチュー、パンやケーキなどにも使われる。

フェンネルシード

フェンネルの種を乾燥させたスパイス。魚料理、パイやクッキー、カレーなどの隠し味や、漢方としても親しまれる。

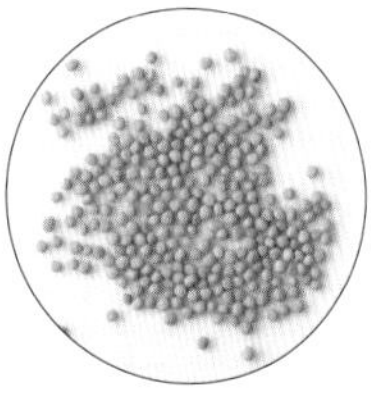

マスタードシード

からし菜の種子を乾燥させたもの。すりつぶして水分を加え練ったものがからしやマスタードになる。ブラウン（茶色）もある。

八角

別名、スターアニス。中国の代表的なスパイス。強くて甘い独特の香りから好き嫌いが分かれるが、好きな人にはたまらない。

五香粉（ウーシャンフェン）

中国の代表的な混合スパイス。中国のほぼ全ての地域の料理で使われる5つ以上の香辛料からなる。花椒（ホワジャオ）、八角や陳皮（ちんぴ）が入る。

花椒（ホワジャオ）

山椒と同じミカン科のスパイス。しびれるような辛さが特徴で、麻婆豆腐や炒めものなどの中国料理の辛みづけに使われる。

花椒（ホワジャオ）パウダー

花椒を粉末にしたもの。辛みを足したいときに手軽に振りかけられて便利。ホールを粗びきにするのも香りが立っておすすめ。

パプリカパウダー

唐辛子の仲間で辛みのない品種「パプリカ」を粉末状にしたもの。彩りを添え、スパイスの中でも穏やかな風味。

ガラムマサラ

インドの代表的ミックススパイス。シナモン、クローブ、カルダモン、クミン、こしょうなどがよく使われる。

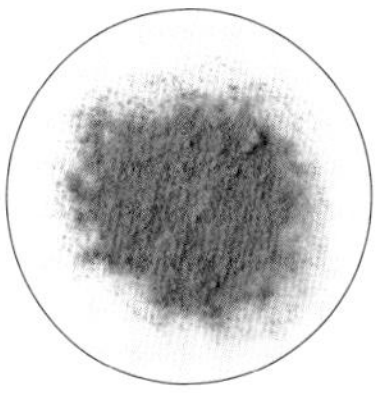

カレーパウダー

別名、カレー粉。カレーで使われるミックススパイス。ウコン、唐辛子など、数十種の香辛料が配合される。

ターメリックパウダー

別名、うこん。料理を鮮やかな黄色にし食欲を引き立て、消化や肝機能促進など、美容・健康にもさまざまな効果がある。

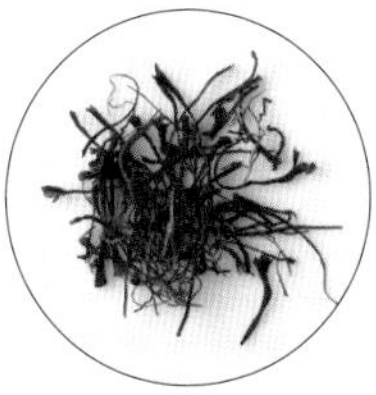

サフラン

パエリアやブイヤベースに使われる。ひとつまみで料理が鮮やかな黄色に。香りが強く、高価なスパイス。

山椒の実

日本を代表する、縄文時代にはすでに使われていた日本最古のスパイス。香りがよく、口の中がしびれるような辛みが特徴。

山椒の実（粗びき）

山椒の実は粗くひいてもおいしい。香りがより立つ。ミルつきの小瓶に入った、便利な市販品もある。

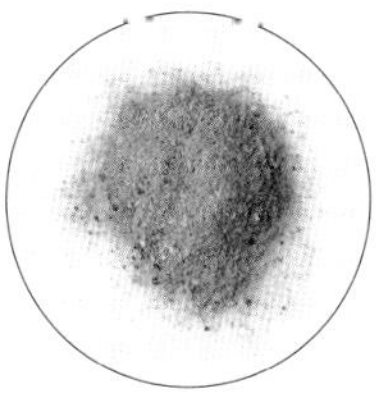

山椒（パウダー）

山椒はミカン科に属する落葉樹で、完熟した果実の外皮を乾燥させて粉末にしたものが「山椒の粉」。

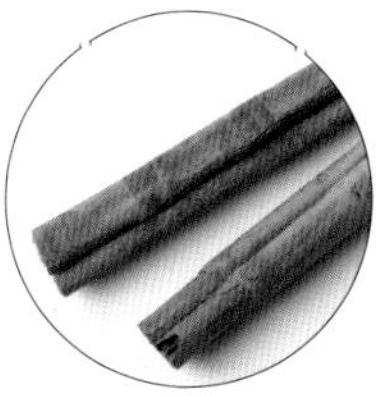

シナモンスティック

スパイスの王様。肉桂という樹木の樹皮を丸めて乾燥させたもの。煮込み料理やカレーに甘くスパイシーな香りをつける。

シナモンパウダー

シナモンスティックを粉砕してパウダー状にしたもの。お菓子やドリンクの香りづけとして使われることが多い。

Spice

スパイス事典

赤唐辛子（粗切り）

乾燥させた唐辛子を粗切りにしたもの。いろいろな粗さのものがある。韓国料理などによく使われる。

赤唐辛子（パウダー）

別名、一味唐辛子、粉唐辛子。ホールや粗切りより辛い。加熱すると辛さが増す。韓国の粉唐辛子は辛みが少しおだやか。

七味唐辛子

赤唐辛子に他の香辛料をまぜて作られる調味料。唐辛子の他に山椒、しょうが、ごま、陳皮など。配合は7種とは限らない。

赤唐辛子（ホール）

別名、鷹の爪、レッドペッパー、チリペッパー。赤く熟した唐辛子を乾燥させたもの。世界中で使われている。

赤唐辛子（輪切り）

乾燥させた赤唐辛子を輪切りにしたもの。包丁で切ってもいいが、これがあると料理中にもパパッと使いやすい。

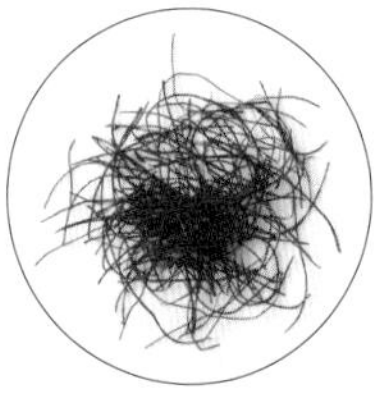

糸唐辛子

乾燥させた赤唐辛子を細く糸のように切ったもの。辛みが少なく、料理にトッピングすると鮮やかにしてくれる。

陳皮（ちんぴ）

本場中国では、熟したミカン科のマンダリンの皮を干したもの。漢方薬の原料。抜群の香りで、粉末タイプもある。

ナツメ

完熟したナツメを乾燥させたもの。中国では古くから食用とされ、楊貴妃も好んだという、美容に効果的な食材。

クコの実

クコの実を乾燥させたもの。ナツメ同様、美容に効果的な食材と言われ、中国、韓国料理などで親しまれる。

上手な保存方法

フレッシュハーブは「ハーブBOX」に入れて

フレッシュハーブはすぐに乾燥したり、枯れたりしてしまいます。保湿して保存すると長もちさせることが可能。自分だけの「ハーブBOX」を作っておけば、好みのハーブを常備して長く楽しむことができます。密閉容器に、水で湿らせてしぼったキッチンペーパーを敷き、ハーブを入れます。さらに湿ったキッチンペーパーでハーブ全体をおおうようにし、ふたをして、冷蔵保存すればOK。フレッシュなうちになるべく早く使いきりましょう。

スパイスミル

手動タイプ。ホールのこしょうや山椒、花椒などを入れておくと、ひき立ての香り高さを味わえます。粗さが変えられるものも。

自動タイプ。電池を入れればボタンひとつでミルしながら料理に振りかけることができて、力がいらず、便利。

スーパーなどで市販されている小瓶のスパイスには、ミルタイプの容器で売られているものも。手軽で便利。詰め替えても使える。

すり鉢やグラインダー

スパイス用の小さめのすり鉢とすりこぎ。木製、ステンレス、陶器、石製などさまざまなタイプがあり、香りが強く立つ。

道具を使わず粗く砕きたいときは

ミルやすり鉢を持っていない場合も、身近なものでつぶすことができる。厚手のポリ袋などにホールのスパイスを入れて、ワインのボトルや厚手の鍋の底などでつぶすと、大きめの粗びきに。フードプロセッサーやコーヒーミルなどで代用することも可能。カルダモンなど大きいホールは、キッチンばさみや包丁を使っても。

Part

1

ワンランクおいしいおかずになる、

ハーブ＆スパイスのちょい足し

毎日レシピ

上田淳子

ひとつまみのハーブとスパイスで、いつものおかずがガラリと変わります。
洋食やアジアのおかずはもちろん、白いごはんに合う和食にも、
ハーブやスパイスの魔法をかけて。

Junko Ueda

うえだ・じゅんこ　料理研究家。短期大学卒業後、辻学園調理技術専門学校に入学。卒業後、スイスやフランス・パリのレストランなどで修業を積む。帰国後は東京でシェフパティシエを経て、料理研究家として独立。 雑誌やテレビなどで活躍する一方、双子の母としての経験を生かし「食育」についての活動も行う。フレンチの確かな技術をもとに家庭で作りやすいレシピが好評で、『フランス人は、3つの調理法で野菜を食べる。』をはじめとしたシリーズ（誠文堂新光社）、『上田淳子のチキンスープ　鶏肉＝具材、スープ。 簡単、本格的。』（グラフィック社）など著書多数。
Instagram ＠ju.cook

大人も子どもも大好きな味。
ごはん、パン、パスタなど何でも相性抜群

バジルのきいた ミートボールのトマト煮

材料（2人分）

合いびき肉…200g
バジル…1/2パック
パン粉…1/3カップ
牛乳…大さじ1.5
トマト缶（カット）…400g
にんにく（みじん切り）…小1かけ分
塩、**粗びき黒こしょう**…各適量
オリーブオイル…小さじ1＋大さじ2

作り方

1 ボウルにパン粉と牛乳を入れて合わせる。パン粉がふやけたらひき肉、塩小さじ1/4、こしょう少々を入れてよく練りまぜる。6等分にして丸める。バジルは葉を摘んでおく。

2 フライパンにオリーブオイル小さじ1を中火で熱し、**1**を並べて蓋をし、2分ほど焼く。蓋をとって裏返してさらに2分ほど焼き、転がしながら1分、ほぼ火が通るまでこんがり焼き、火を止めていったんとり出す。

3 フライパンをさっとふき、にんにくとオリーブオイル大さじ2を入れて中火にかける。香りが立ってきたらトマトを加え、煮立ったら火を弱め、8分ほど煮詰める。ミートボールを戻し入れ、煮立ったら蓋をして弱火にし、3分煮る。塩、こしょうで調味し、仕上げにバジルを加えてまぜる。好みでバジルを添える。

Herb

バジル

フレッシュバジルの加熱は、火を消してから加えるくらいでOK。

ディルのきいた香りのよいアクアパッツァ。
魚は好みのものを使ってOK

ディルのきいたアクアパッツァ

材料（2人分）

鯛（切り身）…2切れ（250g）
ディル…3枝
にんにく…1かけ
ミニトマト…6個
黒オリーブ（ホール）…8個
玉ねぎ…½個
オリーブオイル…大さじ3
塩、**粗びき黒こしょう**…各適量

作り方

1 鯛は塩小さじ½をすり込み5分ほどおく。さっと表面を水洗いしてキッチンペーパーで水気をふき、こしょう少々を振る。にんにくは横に薄切りに、玉ねぎは薄切りに、ミニトマトは半分に切る。

2 フライパンにオリーブオイル大さじ1とにんにくを入れて強めの中火にかけ、熱くなったら鯛を皮目を下にして入れ、皮目をこんがり焼いて裏返す。

3 いったん火を止めて水100mℓ、玉ねぎ、ミニトマト、軽く手でつぶしたオリーブ、オリーブオイル大さじ1を入れて蓋をし、中火にかける。煮立ってきたらそのまま3分ほど、鯛に火が通るまで蒸し煮にする（煮汁が多いようなら、蓋をとり、火を強めて焦がさないように煮詰める）。仕上げに、塩、こしょうで味を調える。

4 器に盛ってざく切りにしたディルをのせ、オリーブオイル大さじ1、こしょう少々をまわしかける。

Herb

ディル

好みでさらにディルをのせても。タイムやローリエも加えたいときは、一緒に煮込んで。

いつもの鮭おかずがソースで変身。爽やかなソースが脂ののったサーモンにぴったり！

サーモンのソテー　ディルヨーグルトソース

材料（2人分）

生鮭（切り身）… 2切れ（200g）
塩…小さじ½
粗びき黒こしょう…少々
オリーブオイル…大さじ½
A
- プレーンヨーグルト…大さじ2
- マヨネーズ…大さじ2
- 塩、**粗びき黒こしょう**…各少々
- **ディル**（葉先を摘み、粗く刻んだもの）…3枝分

作り方

1 鮭は塩をすり込んで5分ほどおく。さっと表面を水洗いし、キッチンペーパーで水気をふき、こしょうを振る。

2 フライパンにオリーブオイルを入れて中火で熱し、鮭を皮目を下にして並べ、蓋をして2〜3分焼く。蓋をとって鮭を裏返し、さらに2分ほど火が通るまで焼く。

3 器に盛り付け、Aをまぜたソースをかける。

Herb

ディル

サーモン、ディル、ヨーグルトは北欧では定番の組み合わせといえるほど、相性抜群！

ハーブの香りとえびのだしが溶け出したオイルは絶品。パンをひたしてどうぞ

えびとじゃがいものハーブアヒージョ

材料（2人分）

えび…150g
じゃがいも…2個（300g）
にんにく…2かけ
赤唐辛子の輪切り…1本分
タイム…4枚
ローリエ…2枚
オリーブオイル…大さじ4〜5
塩…適量

作り方

1 えびは殻、尾、背わたをとり、塩小さじ½をからめてしっかりもみ洗いし、水気をふく。じゃがいもは皮をむき、えびと同じくらいの大きさに切り、かためにゆでておく。にんにくは横に2㎜の薄切りにし、芯をとる。

2 フライパンにオリーブオイル、にんにく、赤唐辛子、じゃがいもを入れて中火にかける。時々返しながら、じゃがいもがこんがりとしたら塩を振り、タイム、ローリエ、えびを入れる。

3 えびに火が通るまで加熱する。好みで仕上げにパセリのみじん切りを散らす。

Herb

タイム

フレッシュハーブはローズマリーなどでもOK。香りの違いを楽しんで。

ローリエ

いつでも常備したい、万能ドライハーブ！

おかずにもつまみにもなる、老若男女に愛されグラタン♪

ゆで卵とほうれんそうのカレークリームグラタン

材料（2人分）

ほうれんそう…1束（200g）
塩、**粗びき黒こしょう**
…各適量
ゆで卵…3個
サラダ油…小さじ1
〈カレークリーム〉
小麦粉、バター…各20g
牛乳…250mℓ
塩、**粗びき黒こしょう**
…各少々
カレーパウダー…大さじ1/2
ピザ用チーズ…20g
A パン粉…大さじ2
粉チーズ、サラダ油
…各大さじ1

作り方

1 カレークリームを作る。耐熱のボウルに室温に戻したバターと小麦粉を入れゴムべらなどでなめらかになるまでまぜ合わせる。牛乳を加え、ラップをせずに電子レンジ（600W）で2分30秒加熱する。いったんとり出し、泡立て器で全体をよくまぜる（バターと小麦粉を完全にとかす）。再度レンジで2分加熱してよくまぜ（一部かたまってもったりした部分を均一にする）、さらにレンジに1〜2分かけ、再度よくまぜ、とろりとしたら塩、こしょう、カレー粉で味を調える（ソースがシャバシャバしているようなら再度1〜2分加熱してまぜる）。

2 ほうれんそうはさっと塩ゆでして冷水で冷まし、水気をしぼって3cm長さに切る。フライパンにサラダ油を入れ中火で熱し、ほうれんそうをさっと炒め、塩、こしょうで味を調える。

3 **1**に**2**、食べやすく切ったゆで卵をざっくりまぜ、グラタン皿に広げる。チーズを散らし200℃に温めたオーブンで10分焼く。まぜ合わせた**A**をかけ、焼き色がつくまでさらに5分ほど焼く。

Spice

カレーパウダー

スパイシーなカレーパウダーを選ぶと、より大人なクリームに。

イギリスのフィンガーローカルフード☆　ビネガーにひたして食べてもgood

ローズマリー風味のフィッシュアンドチップス

材料（2人分）

生たら（切り身）…2切れ
じゃがいも…2個
ローズマリー…3枝
塩…適量
粗びき黒こしょう…少々
A
- ビールまたは炭酸水…½カップ
- 小麦粉…½カップ
- 塩、**粗びき黒こしょう**…各少々

揚げ油…適量
レモン（くし形切り）…適量

作り方

1 たらは塩小さじ½をまぶし5分ほどおく。さっと表面を水洗いしてキッチンペーパーでふき、1切れを3等分に切りこしょうを振る。じゃがいもは皮つきのままくし形に切る。

2 揚げ鍋にじゃがいもとかぶる程度の油、ローズマリーを入れて中火にかける。しばらくそのまま触らず、5〜6分揚げる。じゃがいもの表面がカリッとしてきたら、箸で軽くまぜながら色がつくまでさらに2〜3分揚げる。油をきって塩適量を振る。

3 ボウルにAを入れまぜ合わせる（ホットケーキの生地くらいのかたさに）。たらに小麦粉（分量外）を薄くまぶし衣をつけながら、中温に熱した揚げ油でカラリと3分ほど揚げる。

4 **2**と**3**、揚げたローズマリー、レモンを盛り合わせる。

Herb

ローズマリー
生だとかたいローズマリーは、揚げることで香りよく食べられます。

イタリアの代表的なトマトの煮込み「カチャトーラ」。
お好みのハーブを入れて

鶏肉のカチャトーラ

材料（2人分）

鶏もも肉…大1枚（300g）
玉ねぎ…1個（200g）
にんにく…1かけ
じゃがいも…大1個（200g）
トマト…2個（300g）
タイム…2枝
ローリエ…1枚
塩…小さじ½＋小さじ½
粗びき黒こしょう…適量
酢…大さじ1
オリーブオイル…大さじ2

作り方

1 鶏肉は余分な脂をとり、4等分に切って塩小さじ½、こしょう少々をすり込む。玉ねぎは薄切りに、にんにくは横に薄切りにする。じゃがいもは7㎜厚さ程度の半月切りまたはいちょう切りにする。トマトはざく切りにする。

2 鍋にオリーブオイルを中火で熱し、鶏肉の皮目を下にして並べる。焼き色がつくまで触らず焼き、裏返してさっと焼く。にんにくを加え、香りが立つまで炒め、玉ねぎとじゃがいもを加えてさっと炒める。トマト、塩小さじ½、酢、水大さじ2、タイム、ローリエを入れて蓋をし、弱めの中火で10分煮る。

3 蓋をとり、強めの中火にして時々まぜながら煮汁がとろっとするまで2〜3分煮る。

Herb

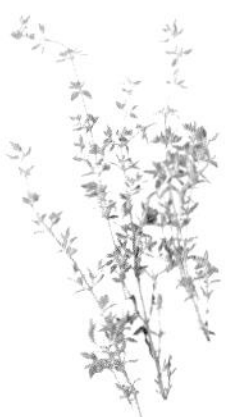

タイム

なければローズマリーなどほかのハーブでもOK。ドライを使っても。

ローリエ

煮込みには欠かせないドライハーブ。ぜひ常備を。

豚しゃぶは火を止めた湯でしゃぶしゃぶするとしっとり！　エスニック気分の日にどうぞ

豚しゃぶと春雨のエスニックまぜサラダ

材料（2人分）

豚ロース薄切り肉…200g
春雨（乾燥）…30g
紫玉ねぎ…1/2個
セロリ…1本
パプリカ（赤）…1/2個
パクチー…2株（好みの量でOK）
A
- にんにく（すりおろし）…小さじ1
- レモン汁…大さじ1〜1.5
- ナンプラー…大さじ1〜1.5
- 砂糖…小さじ2
- **一味唐辛子**…適量

作り方

1 鍋にたっぷり湯を沸かし、沸いたら火をいったん止め、豚肉を1枚ずつしゃぶしゃぶの要領で湯にくぐらせ、火が通ったら、バットなどに広げる（途中、湯の温度が低くなったら加熱する）。続けて春雨を入れる。3分ほどそのままおき、やわらかくなったらザルにあげる。

2 紫玉ねぎとセロリは薄切りに、パプリカは5㎜厚さに切る。パクチーは茎までざく切りにし、葉の一部はとっておく。

3 ボウルにAを入れてまぜ、春雨、豚肉、パクチーの葉以外の2を入れてまぜ合わせる。器に盛り、パクチーの葉をのせる。

Herb

パクチー

パクチーは茎のほうが香りが断然強く、エスニックだれには欠かせないアクセントに。

Spice

一味唐辛子

別名、粉唐辛子。辛さは好みで加減してOK。

花椒がきいたシビ辛がクセになる！　中華の日の前菜にどうぞ

しっとりよだれ鶏

材料（2人分）

鶏むね肉…1枚（250〜300g）
塩、**粗びき黒こしょう**…各適量
酒…大さじ2

A
- しょうが（すりおろし）…小さじ1
- **花椒パウダー**…少々
- 砂糖、酢…各小さじ2
- しょうゆ…大さじ1
- すり白ごま…小さじ1
- ラー油…小さじ1/2

きゅうり…適量

Point

胸肉を手軽にしっとり仕上げるには

加熱しすぎず、フライパンの余熱も利用してじっくり熱を通すと、失敗なくしっとりと仕上がる。小さいフライパンひとつで簡単！

作り方

1 蒸し鶏を作る。鶏肉に軽く塩、こしょうをすり込んでおく。フライパンに酒と水1/3カップを入れて鶏肉を入れ、中火にかける。煮立ってきたら裏返す。蓋をして弱火で5〜6分（肉の厚みによって加減する）加熱し、火を止めそのまま粗熱がとれるまでおく。

2 きゅうりはピーラーで薄切りにする。Aをまぜ合わせておく。

3 器にきゅうりを盛り、食べやすくスライスした鶏肉をのせ、Aのたれをかける。好みでパクチーや白髪ねぎなどを添えても。

Spice

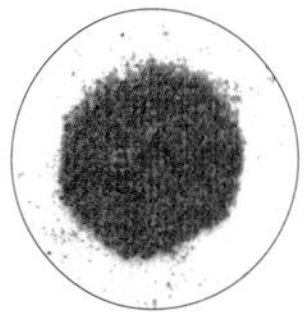

花椒（ホワジャオ）パウダー

好みで加減してOK。ホールを使うなら、刻むかつぶしながら入れるとより香りが立つ。

いつものぶり照りがワンランクアップ！
ごはんにもお酒にも合う大人味に

ぶりの照り焼き五香粉風味

材料（2人分）

ぶり（切り身）… 2切れ
A ┌ しょうゆ…大さじ1
　│ みりん…大さじ2
　└ **五香粉**…好みの量
しいたけ… 4個
サラダ油…小さじ2

作り方

1 バットにAを入れてまぜ、ぶりを加えてからめ、10分ほどおく。汁気をキッチンペーパーでふき、つけ汁はとっておく。しいたけは石づきをとり半分に切る。

2 フライパンにサラダ油小さじ1をひき、しいたけを並べ弱めの中火にかける。火が通るまで2分ほど焼き、器に盛る。

3 フライパンをさっとふき、残りのサラダ油小さじ1を入れて中火で熱し、ぶりを入れて弱火にし、蓋をして2分ほど焼く。蓋をとって裏返し、蓋をせずにさらに2分ほど焼く。中火にし、**1**のつけ汁を加えてからめるように照り焼きにする。

4 **2**の器にぶりを盛りつけ、たれをかける。好みでさらに五香粉をかけても。

Spice

五香粉（ウーシャンフェン）

照り焼き味にも負けない、花椒や八角のいい香りが立ってきます。

餃子は好みの包み方でOK。
くるりと包むとゆで餃子向きのモチッとした食感に

えびとパクチーの水餃子

材料（10個分）

むきえび…120g

A
- **パクチー**の茎と葉（小口切り）…1/2カップ
- しょうが（すりおろし）…小さじ1/2
- ごま油…小さじ1
- 塩、**粗びき黒こしょう**…各少々

餃子の皮（餅粉入り）…10枚

作り方

1. えびは、片栗粉大さじ1/2（分量外）をからめて軽くもみ洗いをし、その後水で洗い流してキッチンペーパーで水気をふく。包丁でみじん切りにしてたたく。
2. ボウルに**1**、Aを加えてまぜ、餃子の皮で包む。
3. 鍋にたっぷり湯を沸かし、**2**を入れて3〜4分（浮き上がってから30秒程度）ゆで、湯をきる。器に盛り、好みでパクチー、ラー油、酢、しょうゆを添える。

Point

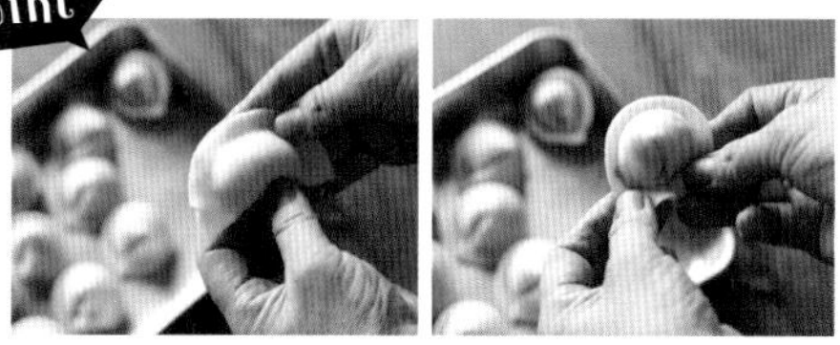

パクチーは茎を入れると香りがぐっと強く出る。ディルに変えても美味！

Herb

パクチー

パクチーの茎は香りが強く、ゆでても香りや食感がとびにくい。えび×パクチーは好相性！

ラムといえば、クミン。モンゴル系中国料理の人気メニュー

ラムのクミン炒め

材料（2人分）

ラム肩ロース肉（焼き肉用）…250g
にんにく（すりおろし）…小さじ1/2
塩…小さじ1/3
粗びき黒こしょう…少々
パプリカパウダー…小さじ2
クミンパウダー…小さじ1
クミンシード…小さじ1/2
オリーブオイル…大さじ1/2
パクチー（適度に切る）…適量

作り方

1 バットにラム肉を入れ、にんにくをからめる。塩、こしょう、パプリカパウダー、クミンパウダーを全体になじませる。

2 フライパンにオリーブオイルを入れ、中火にかける。熱くなり、香りが立ってきたら**1**を広げ、火が通るまで両面を焼く。仕上げにクミンシードを加えて香りが立つまで炒める。

3 器に盛ってパクチーを添える。

Spice

パプリカパウダー
なくても作れますが、本場の香りにぐっと近づきます。

クミンパウダー
クミンシードとのW使いでクミン感たっぷり！

クミンシード
油で加熱するとより香ばしく。たっぷりとラムにまとわせて。

まるで本場インドのサモサのような食感を、手軽に春巻きの皮で！

サモサ風　ポテトとひき肉のクミン風味春巻き

材料（12個分）

じゃがいも…大1個
牛ひき肉（合いびき肉でも）…100g
春巻きの皮…4枚
クミンシード…小さじ2/3
カレー粉…小さじ1
塩、**粗びき黒こしょう**…各少々
A ┌ 小麦粉…大さじ1
　 └ 水…大さじ1弱
サラダ油…小さじ1
揚げ油…適量

作り方

1 じゃがいもは洗ってラップで包み、電子レンジ（600W）で5〜6分加熱し、皮をむいてフォークなどでつぶしておく。

2 フライパンにサラダ油とクミンシードを入れて中火にかける。香りが立ってきたらひき肉を入れ、火が通るまで炒める。塩、こしょう、カレー粉で調味する。**1**を加えてまぜ合わせる。

3 春巻きの皮を3等分に細長く切る。帯状の皮の端に具をのせ、三角に折りたたんでいく。最後にAをまぜたのりでとめる。

4 **3**を中温の揚げ油で色がつくまで2〜3分揚げる。

＼包み方／

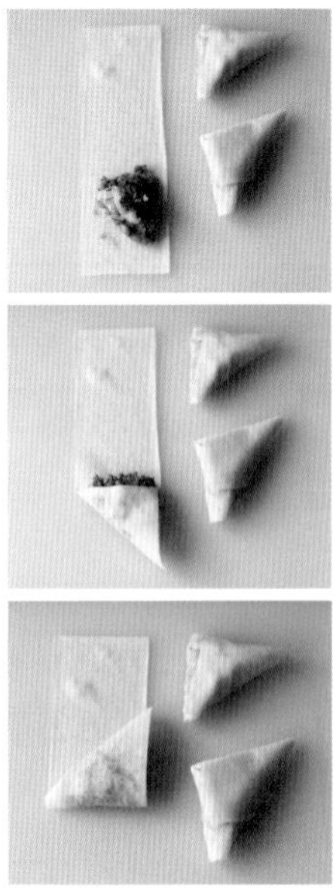

Spice

クミンシード
インド料理の香辛料としても代表的なクミン。ひき肉を極上の香りに。

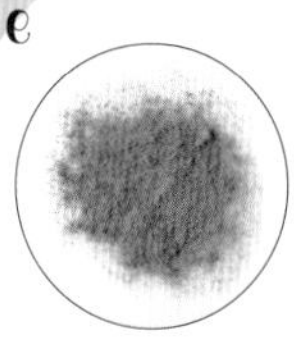

カレーパウダー
サモサのフィリングは、カレー風味。揚げたときのカレーの香りが食欲をそそる！

スパイシーなやみつき衣の竜田揚げ。ししとうはなすなどでもOK

さばの竜田揚げ花椒まぶし

材料（2人分）

さば（切り身）…2切れ（200g）
ししとうがらし…10本
しょうが（すりおろし）…小さじ½
しょうゆ…小さじ1
片栗粉…適量
A
- にんにく（すりおろし）…小さじ¼
- しょうが（すりおろし）…小さじ1
- 砂糖、ごま油、酢、しょうゆ…各小さじ1
- **花椒パウダー**…小さじ1

揚げ油…適量

作り方

1 さばは食べやすい大きさに切り、ボウルに入れ、しょうが、しょうゆをからめて5分ほどおく。ししとうは軸を切り、破裂防止のために切り込みを入れておく。

2 別のボウルにAをまぜ合わせておく。

3 揚げ油を中温にする。ししとうをさっと揚げ、2につける。続けてさばの汁気をきり、片栗粉をまぶす。揚げ油を中温に熱し、さばをこんがり3分程度揚げる。揚げたてのさばを2に入れてからめる。

Spice

花椒（ホワジャオ）パウダー

花椒を粉末にしたタイプも、瓶に入って売っている。山椒のように使って。

ウーロン茶で煮ると脂感がさっぱり。しっとり食感にするコツは、調味料で煮ないこと！

ウーロン煮豚のスパイスじょうゆ漬け

材料（作りやすい分量）

豚肩ロース肉（ブロック）…400g
ウーロン茶（茶葉でいれたもの。
　ペットボトルのものでもOK）…1ℓ

A
- しょうゆ…120mℓ
- 砂糖…大さじ1.5
- 酒、みりん…各50mℓ
- **八角**…1個
- **クローブ**…4〜5粒
- **シナモンスティック**…2cm

ゆで卵…2個

作り方

1 鍋に豚肉とウーロン茶を入れ、火にかける。沸いたら弱火にし（煮立たない程度）、45分煮る。途中、煮汁が減り肉がゆで汁から出てくるようなら水を足す。

2 別の小鍋でAを煮立てて冷ましておく。

3 Aを保存袋に入れ、ゆであがった1の湯をきり、ゆで卵とともに加える。空気を抜いて、口を閉じ、一晩冷蔵庫でなじませる。

4 食べやすく切り、器に盛る。

Spice

八角

一気に本格的な台湾の味に。苦手な人はなしでもOK。

クローブ

甘辛なたれに、ちょっぴりスパイシー感をプラス。

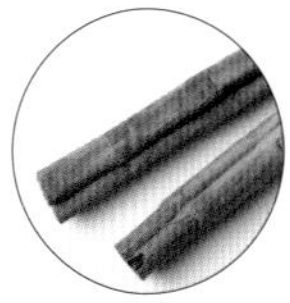

シナモンスティック

クローブのスパイシーさとは別の、甘くスパイシーな風味を加えます。

Part

2

ごはんもの・めん・パン

本場のクイック
1品ごはん

ツレヅレハナコ

パパッと作れる1品ごはんはランチや忙しいときにぴったり。
ハーブやスパイスを使うことで異国の本場さながらの味を
再現することができます。

おいしい料理とお酒と旅をこよなく愛する文筆家。日々の食生活をつづったSNSが大人気で、インスタグラムでは5万人以上のフォロワーを持つ。著書に『女ひとりの夜つまみ』（幻冬舎）、『ツレヅレハナコの2素材で私つまみ』（KADOKAWA）、『ツレヅレハナコの薬味づくしおつまみ帖』『ツレヅレハナコの揚げもの天国』（ともにPHP研究所）など多数。
Instagram @turehana1

ごはんもの

鶏と炊き込んだタイのごはん。
鶏だしがしみ込んだごはんは最高！　炊飯器で一発です

炊飯器カオマンガイ

材料（2〜3人分）

ジャスミンライス（なければ日本米）…1合
鶏もも肉…1枚
塩、**粗びき黒こしょう**…各少々
鶏ガラスープの素…小さじ1/4
ナンプラー…小さじ1/2
ねぎの青い部分…1本分
しょうが（薄切り）…3枚
A
- ねぎ（みじん切り）…10cm分
- ナンプラー、酢…各大さじ1
- 砂糖、ごま油…各小さじ1/2
- **赤唐辛子（輪切り）**…1本分

パクチー（ざく切り）…好みの量
トマト（くし形切り）、きゅうり（斜め薄切り）…各適量

作り方

1 鶏肉に塩、こしょうを振る。炊飯器にジャスミンライスを入れてさっと洗い、1合の目盛りまで水を加える。鶏ガラスープの素、ナンプラーを加えてまぜ、鶏もも肉を皮目を上にしてのせる。まわりにねぎの青い部分、しょうがを入れて早炊きモードで炊く。

2 炊きあがったら鶏肉、ねぎ、しょうがをとり出し、鶏肉を食べやすく切る。ごはんをさっくり混ぜて器に盛り、鶏肉、トマト、きゅうり、パクチーを添えて、まぜたAのたれをかける。

Point

ジャスミンライス（タイ米）
日本米より細長い米。独特のいい香りで一気に本格タイ料理に。近年はスーパーのお米売り場やエスニック食材コーナーでも売っていることが多い。

炊飯器にすべて入れるだけ！
炊飯器におまかせ！　材料をすべて入れてほったらかしで完成します。炊いている間にAのたれをまぜて。市販のスイートチリソースをかけてもOK。

Herb

パクチー
パクチー好きはマシマシでどうぞ♪

インドの炊き込みごはん。スパイスたっぷりの本格味を、作りやすいレシピで

簡単ビリヤニ

材料（4〜5人分）

米（インディカ米がおすすめ）…2合
ラム薄切り肉（ジンギスカン用）…200g
A
- プレーンヨーグルト…大さじ3
- **クミンパウダー**…小さじ1
- **ターメリック**、**カイエンペッパー**、塩…各小さじ½

玉ねぎ…½個
トマト…½個
にんにく（すりおろし）、しょうが（すりおろし）…各1かけ分
B
- **コリアンダーパウダー**…大さじ1
- **カイエンペッパー**…小さじ1
- **ターメリック**、塩…各小さじ½

サラダ油…大さじ2
シナモンスティック…1本
カルダモン（ホール）…6粒
ローリエ…2枚
ターメリック…小さじ1（水大さじ1で溶く）
プレーンヨーグルト…½カップ
トマト（付け合わせ用・5mm角に切る）…¼個
カイエンペッパー…少々
紫玉ねぎ（薄切り）、カシューナッツ（粗く刻む）…各適量

作り方

1 ラム肉はひと口大に刻み、まぜ合わせたAに入れて30分ほどマリネする。玉ねぎは粗みじん切りに、トマトは1cm角に切る。

2 フライパンにサラダ油を中火で熱し、玉ねぎを炒める。玉ねぎの端が茶色く色づいたら、にんにく、しょうがを加えて1分ほど炒め、トマトを加えて煮くずれるまで炒める。Bを加えて1分炒め、ラム肉を加え、2分ほど炒めたら水½カップを加え、全体がゆるめのペースト状になるまで煮詰める。

3 鍋に湯を沸かし、シナモンスティック、カルダモン、ローリエ、米を入れて5分ゆでで、水気をきってフライパンのラム肉の上に敷き詰める。水溶きターメリックをスプーンでところどころにたらし、蓋をして弱火で5分熱し、火を止めて10分蒸らす。底から、あまりまぜ合わせず米の色がまだらになるよう器に盛る。

4 ヨーグルトを入れた器につけ合わせ用のトマトをのせ、カイエンペッパーを振る。3に添え、ビリヤニに紫玉ねぎ、カシューナッツを散らす。

Point

ハードルの高いビリヤニを簡単かつ本格味に

ビリヤニは本来手の込んだ料理ですが、この方法なら簡単に本格的なおいしさを再現。簡単ペーストを作って、ゆでたお米に数カ所たらして炊くだけ。

Spice

クミンパウダー
ヨーグルトとクミンでマリネし、臭みをとって肉をやわらかく。

ターメリック
米にポツポツと落とすことで色鮮やかに、独特の風味をプラス。

カイエンペッパー
別名チリペッパー。辛味は好みで調節してOK。

コリアンダーパウダー
コリアンダーの爽やかな香りをたっぷりときかせて。

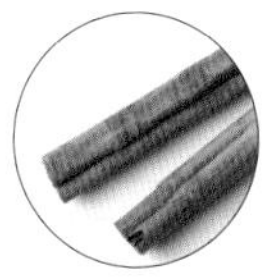

シナモンスティック
1本で、スパイシーでふわりと香る甘い風味を。

ガパオとは、タイ語でバジルのこと。肉を甘辛くバジルと炒めます。鶏ひき肉が使われることも

ガパオライス

材料（2人分）

温かいごはん（タイ米がおすすめ）… 2杯分
鶏むね肉… 1枚
バジルの葉… 12枚
玉ねぎ… 1/6個
赤ピーマン… 1/2個
A
- ナンプラー、オイスターソース …各大さじ1
- 砂糖…小さじ1
- **赤唐辛子（輪切り）**… 2本分

サラダ油…大さじ1
目玉焼き… 2個

作り方

1 鶏肉は皮をとり、1cm角に切る。玉ねぎ、赤ピーマンは7mm幅の薄切りにする。Aはまぜておく。

2 フライパンにサラダ油を熱し、鶏肉、玉ねぎを入れて肉の色が変わるまで炒める。ピーマン、バジルを入れて1分ほど炒め、Aを加えて炒め合わせる。

3 器にごはんと2を盛り、目玉焼きをのせ、あればバジルを飾る。

Herb

バジル

タイのバジルは「ホーリーバジル」という香りの強いもの。日本では入手しにくいのでスイートバジルをたっぷりと使って。

台湾のローカルフードの、肉そぼろかけごはん。スパイスさえあれば台湾の味を再現できちゃう★

ルーロー飯

材料（2〜3人分）

温かいごはん…適量
豚バラ肉（ブロック）…300g
玉ねぎ…1/2個
にんにく（みじん切り）、
　しょうが（みじん切り）…各1かけ分
A
- 砂糖…大さじ2
- 紹興酒…1/2カップ
- 水…1カップ
- 酢…大さじ1
- **八角**…1個

B
- しょうゆ…大さじ2
- オイスターソース…大さじ1

五香粉…小さじ1
サラダ油…大さじ1
ゆで卵…1〜2個
パクチー（ざく切り）、たくあん（市販）
　…各適量

作り方

1 豚肉は半分に切って鍋に入れ、かぶるくらいの水を入れて沸騰したら10分ほど下ゆでする。粗熱がとれたら1cm角に切る。玉ねぎは薄切りにする。

2 鍋にサラダ油を中火で熱し、豚肉を入れて炒める。脂が出てきたら玉ねぎ、にんにく、しょうがを加えて炒め、Aを加えて弱火で30分煮る。B、ゆで卵を加えて15分煮て、五香粉を加えてまぜる。ゆで卵は半分に切る。

3 器にごはんを盛り、2、パクチー、たくあんをのせる。

Spice

八角

八角の香りにより、「ルーロー飯といえば」の本場の味に。

五香粉（ウーシャンフェン）

五香粉にも八角が入っているので、両方揃わない場合はどちらかだけでもOK。

スペインの炊き込みピラフ。スパイスがあれば、いつものフライパンで本格パエリアが完成！

フライパンパエリア

材料（2人分）

米…2合
ベーコン…2枚
えび（殻付き）…6尾
片栗粉…大さじ1
あさり（砂抜きする）…200g
玉ねぎ…¼個
パプリカ（赤・黄）…各¼個
トマト…½個
オリーブ（黒・種抜き）…6個
にんにく（みじん切り）…1かけ分
白ワイン…¼カップ
オリーブオイル…大さじ2
A
- 塩…小さじ1
- **ターメリック**…小さじ1
- 水…360mℓ

レモン（くし形切り）…½個分
パクチー…適宜

作り方

1 えびは背わたをとり、尾を残して殻をむき、片栗粉をまぶして汚れをとって水で洗い流す。玉ねぎは粗いみじん切り、パプリカは縦5mm幅の薄切り、トマトは1cm角、オリーブは半分に切る。ベーコンは1cm幅に切る。

2 フライパンにオリーブオイルを中火で熱し、えびの両面をさっと焼いてとり出す。にんにく、玉ねぎ、ベーコンを加えて玉ねぎが透明になるまで炒める。トマトを加え、煮くずれたら、米を洗わずに加え、米が透明になったらあさり、白ワインを入れて蓋をする。あさりは口が開いたらとり出す。

3 まぜたAを加え、蓋をして弱火で15分ほど炊く。えび、あさり、パプリカ、オリーブを米の上に並べ、蓋をしてさらに5分ほど炊き、火を止めて10分蒸らす。パクチー、レモンをのせる。

Spice

ターメリック

本場のパエリアはサフラン（p.15）を使いますが、ターメリックがあればパウダー状なので手軽で、サフランよりお手頃。

ナムルや焼肉ののった、韓国のどんぶり。よーくまぜながら食べて

ビビンパ

材料（2人分・ナムルはすべて作りやすい分量）

温かいごはん…茶碗2杯分

〈にんじんのナムル〉

- にんじん（せん切り）…1/4本分
- 塩…少々
- にんにく（すりおろし）…少々
- ごま油…大さじ1/2

〈もやしのナムル〉

- 豆もやし…1/2袋
- A
  - 塩…少々
  - すり白ごま…小さじ1
  - **粉唐辛子**…少々
  - ごま油…小さじ1

〈ほうれんそうのナムル〉

- ほうれんそう…3株
- B
  - しょうゆ…小さじ1
  - にんにく（すりおろし）…少々
  - ごま油…小さじ1

〈れんこんのナムル〉

- れんこん（薄いいちょう切り）…40g
- いり白ごま…小さじ1/2
- 塩…少々
- ごま油…小さじ1

牛切り落とし肉…120g

C コチュジャン、酒、片栗粉…各小さじ1

ごま油…小さじ1

いり白ごま…小さじ2

温泉卵…2個

キムチ…60g

Spice

粉唐辛子

辛みは好みで調節して。お子様や苦手な人はなしでもOK。

作り方

1 フライパンににんじん用のごま油を熱し、にんじんを炒めて塩を振り、にんにくを加える。豆もやしは鍋に入れ、もやしの高さ1/3まで水を入れて蓋をし、火にかける。沸騰して1分ほど蒸しゆでにしたら水気をきり、Aを加えてあえる。ほうれんそうはゆでて冷水にさらして水気をしぼる。3cm長さに切り、Bを加えてあえる。フライパンにれんこん用のごま油を熱し、れんこんを炒めて塩、ごまを振る。

2 牛肉はCをもみ込む。フライパンにごま油を中火で熱し、牛肉を色が変わるまで炒める。

3 器にごはん、1、2を盛り、真ん中に温泉卵、キムチをのせてごまを振る。よくまぜて食べる。

パン

フランスパンを使った、ベトナムのサンドイッチ。好みの具材でアレンジしても☆

バインミー

材料（2人分）

バゲット…16cm
ハム…2枚
レバーペースト（市販）…40g
クリームチーズ…40g
にんじん…½本
塩…少々
A
酢、水…各大さじ2
砂糖…大さじ1
ナンプラー…小さじ2
紫玉ねぎ…⅛個
パクチー（ざく切り）…適量
ナンプラー…適量

作り方

1 クリームチーズは室温に戻す。にんじんはせん切りにして塩を振り、5分ほどおいて水で洗ってから水気をしぼる。ボウルにAを合わせ、にんじんを入れてまぜ、10分以上おく。ハムは半分に切り、紫玉ねぎは薄切りにする。

2 バゲットは長さを2等分して、厚さ半分に切り目を入れてオーブントースターでトーストする。クリームチーズ、レバーペーストを塗り、ハム、汁気をきったにんじん、紫玉ねぎ、パクチーをはさみ、ナンプラーを振る。

Herb

パクチー

ナンプラーとパクチーがあれば本場に近い味に。

ロシア発祥の惣菜パン。食パンを使えば生地作りいらず！　油で揚げずトースターで手軽に

食パンピロシキ

材料（2人分）

食パン（8枚切り）…4枚
合いびき肉…50g
玉ねぎ…⅙個
緑豆春雨（乾燥）…20g
トマト…½個
塩、**粗びき黒こしょう**、**オールスパイス**…各少々
オリーブオイル…大さじ1
ゆで卵…2個

作り方

1 玉ねぎはみじん切りにする。春雨はぬるま湯に10分ほどつけて戻し、2cm長さに切る。トマトは1cmの角切り、ゆで卵は薄切りにする。

2 フライパンにオリーブオイルを中火で熱し、玉ねぎを炒める。ひき肉を加え、肉の色が変わったらトマト、春雨、塩、こしょう、オールスパイスを加えてトマトが煮くずれるまで炒める。

3 食パンの耳を切り、めん棒で薄くのばす。具材を2等分してのせ、ゆで卵を中心にのせたら、それぞれもう1枚をかぶせて四方の端をめん棒でギュッと押してしっかりと閉じる。オーブントースターで焼き目がつくまで焼き、半分に切る。

Spice

オール スパイス

肉の臭みを消し、ほのかにスパイシーさをプラス。

めん

フォーとは、ベトナムのライスヌードルのこと。
牛や鶏のだしで作る汁めんにして食べるのが現地の主流

牛肉のフォー

材料（2人分）

牛もも薄切り肉（しゃぶしゃぶ用）… 200g

A
- しょうが（薄切り）… 2枚
- ナンプラー… 大さじ2
- 鶏ガラスープの素… 小さじ1
- 塩… 小さじ½
- こしょう… 少々
- **赤唐辛子（輪切り）**… 2本分
- 水… 3カップ

フォー（乾燥）… 200g
レモン（くし形切り）、紫玉ねぎ（薄切り）、**バジル、ディル**… 各適量

作り方

1 フォーをぬるま湯に10分ほどつける。鍋にAを入れて火にかけ、煮立ったら弱火にする。

2 鍋のスープに牛肉をさっとくぐらせ、とり出す。別の鍋に湯を沸かし、フォーを袋の表示通りゆでて水気をきり、器に盛る。

3 2のスープを注ぎ、牛肉、玉ねぎ、レモン、バジル、ディルをのせる。

Point

フォー（米めん）
ベトナムやタイでは米で作られためんが主食のひとつ。汁めんのほか、焼きそばのように炒める料理も。現地ではめんの細さも多様。

Herb

バジル

ディル

のせるハーブはお好みで。パクチーやミントなどもおいしい。

マレーシアやシンガポールで親しまれる、めん料理。ココナッツミルクで作る、辛くないレシピ

ラクサ

材料（2人分）

中華めん…2玉
鶏もも肉…½枚
厚揚げ…¼枚
玉ねぎ…½個
干しえび…大さじ1
にんにく（すりおろし）、
　しょうが（すりおろし）…各1かけ分
A
- ナンプラー…大さじ2
- 鶏ガラスープの素、砂糖…各大さじ½
- **カレー粉**…小さじ1
- 水…3カップ

ココナッツミルク…½カップ
サラダ油…大さじ1
ゆで卵（半分に切る）…1個分
ミント、ライム（くし形切り）…各適量

作り方

1 鶏肉は皮をとり、ひと口大に切る。厚揚げは1cm幅に切る。玉ねぎはみじん切りにする。干しえびは水¼カップに10分ほどつけて刻む（戻し汁はとっておく）。

2 鍋にサラダ油を中火で熱し、玉ねぎを炒める。透明になったら干しえび、にんにく、しょうがを入れて炒め、A、干しえびの戻し汁を加える。5分ほど煮て、鶏肉、厚揚げを加え、さらに5分煮たらココナッツミルクを加える。

3 めんを袋の表示通りにゆで、水気をきって器に入れる。**2**の汁を注ぎ、鶏肉、厚揚げ、ゆで卵、ミント、ライムをのせる。

Spice

カレーパウダー

ココナッツミルクにより、カレー粉がリッチな味わいに。

Herb

ミント

お好みで、バジルやパクチーをのせてもOK。

街でも人気の、まぜて食べる汁なし担々めん
花椒で、クセになるシビ辛に

汁なし担々めん

材料（2人分）

中華めん…2玉
豚ひき肉…200g
にんにく（みじん切り）、
　しょうが（みじん切り）…各1かけ分
花椒…小さじ1
A
┌ 豆板醤（トウバンジャン）…小さじ2
└ しょうゆ、紹興酒、甜麺醤（テンメンジャン）…各大さじ1
ごま油…大さじ1
B
┌ 黒酢、練り白ごま、しょうゆ
│ …各大さじ1
└ ごま油…小さじ1
卵黄…2個分
ピーナッツ（粗く刻む）、パクチー、ラー油
　…各適宜

作り方

1 花椒はポリ袋に入れ、めん棒などでたたきつぶす。

2 フライパンにごま油と花椒を入れて中火で熱し、しょうが、にんにくを加えて炒める。香りが出たらひき肉を入れ、色が変わるまで炒め、Aを加えて全体がなじむまで炒める。

3 Bは1人分ずつ器に合わせる。中華めんを袋の表示通りゆで、水気をきって器にそれぞれ入れ、Bとあえる。

4 2、卵黄をのせ、ピーナッツ、パクチー、ラー油をかける。よくまぜて食べる。

Spice

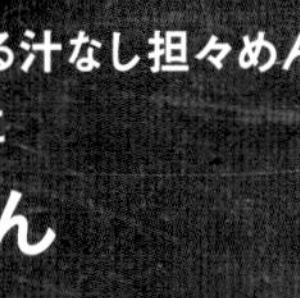

花椒（ホワジャオ）

シビ辛好きは、増量しても。好みの辛さに調節して。

韓国で人気の、ほんのり甘い肉みそのまぜめん。日本で手に入る食材で作りやすくご紹介します

韓国じゃじゃめん

材料（2人分）

うどん（細・冷凍）…2玉
合いびき肉…120g
玉ねぎ…½個
にんにく（すりおろし）、
しょうが（すりおろし）…各1かけ分
A
- 練り黒ごま…大さじ2
- しょうゆ、赤みそ、豆鼓（刻む）…各大さじ1

ごま油…大さじ1
糸唐辛子、きゅうり（せん切り）、
ねぎ（白髪ねぎ）…各適量

作り方

1 玉ねぎはみじん切りにする。

2 フライパンにごま油を中火で熱し、玉ねぎを炒める。ひき肉を加えて色が変わるまで炒め、にんにく、しょうがを加えて1分ほど炒める。まぜたA、水½カップを加え、とろりとするまで煮詰める。

3 うどんを袋の表示通りにゆで、器に盛って**2**をかけ、きゅうり、ねぎ、糸唐辛子を添える。よくまぜて食べる。

Point

豆鼓があるとおいしさアップ

大豆を発酵させた、中国の調味料。塩辛さもあるがうまみが強く、本格的なコクのある風味づけができる。

Spice

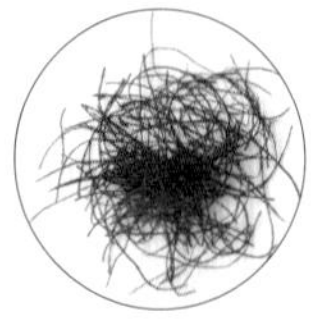

糸唐辛子

あると、白髪ねぎやきゅうりと合わさり、甘いみそ味のたれによく合う。

タイの春雨の蒸し煮料理。えびや豚のうまみを吸った春雨がやみつきに！

クンオップウンセン

材料（2人分）

緑豆春雨（乾燥）… 80g
えび（殻付き）… 8尾
豚バラ薄切り肉… 50g
しょうが（薄切り）… 4枚

A
- にんにく（みじん切り）… 1かけ分
- オイスターソース、ナンプラー
  …各大さじ2
- 紹興酒…大さじ1
- 砂糖…小さじ1/2
- **粗びき黒こしょう**…少々

片栗粉…小さじ1
パクチー（粗みじん切り）…好みの量

作り方

1 春雨はぬるま湯に10分ほどつけて戻し、3等分の長さに切り、ボウルに入れてAをまぶす。えびは背わたをとり、尾を残して殻をむく。片栗粉をまぶして水で洗う。豚肉は3cm長さに切る。

2 冷たいフライパンに豚バラ肉を敷き詰め、えび、しょうが、春雨の順に広げて重ねる。水1/4カップを加え、蓋をして中火にかけ10分ほど汁気がなくなるまで煮る。器に盛り、パクチーを散らす。

緑豆春雨

先にぬるま湯でやわらかくすると、キッチンばさみでも切れて扱いやすい。蒸すときに豚とえびのうまみをたっぷり吸わせて。

Herb

パクチー

パクチー好きには、茎まで刻むと香りがアップしておすすめ。

ツレヅレハナコさんの

カレー

好きなカレーはたくさんありますが、
シンプルな、インド地方のカレーと
タイカレーを1種ずつご紹介します。
材料と作り方は次のページ。

豚肉を酢入りスパイスでマリネするカレー。
カレー粉なし、驚きの簡単レシピで絶品！

ポークビンダルー

タイ風グリーンカレー。肉や野菜は好みでアレンジしても

チキン、なす、たけのこのグリーンカレー

ポークビンダルー

材料（3〜4人分）

豚肩ロース肉（ブロック）…300g

A
- 玉ねぎ（すりおろし）…1/2個分
- しょうが（すりおろし）、にんにく（すりおろし）…各1かけ分
- 酢、プレーンヨーグルト…各大さじ2
- 砂糖…大さじ1/2
- 塩…小さじ1
- **パプリカパウダー、ターメリック**…各大さじ1/2
- **カイエンペッパー**…小さじ1/2

玉ねぎ…1/2個
トマト缶（カット）…1/2缶
サラダ油…大さじ2
温かいターメリックライス（下記参照）…適宜

作り方

1 豚肉は2cm角に切る。ファスナー付き保存袋にAを入れてまぜ、豚肉を加えて1時間〜一晩マリネする。玉ねぎは薄切りにする。

2 フライパンにサラダ油を中火で熱し、玉ねぎを炒める。しんなりしたらトマトを加えてペースト状になるまで煮詰める。豚肉を汁ごと加えて2〜3分炒め、水1カップを加えて蓋をして弱火で20〜30分肉がやわらかくなるまで煮る。

3 ターメリックライスとともに器に盛る。

Spice

パプリカパウダー
パプリカパウダーを加えると香りがぐっとよくなる。

ターメリック
鮮やかな色をつけ、栄養アップ。食欲の増す香りに。

カイエンペッパー
辛さは好みで加減してもOK。

白いごはんももちろん合うけど、ターメリックライスが相性抜群

ターメリックライス

材料（3〜4人分）

インディカ米…2合
ターメリック…小さじ1/2
シナモンスティック…1本
ローリエ…2枚
バター…10g

作り方

米をさっと洗い、炊飯器に入れる。2合の目盛りまで水を加えてスパイスとハーブを加え、早炊きモードで炊く。炊き上がったらバターを加えてまぜる。

Spice

ターメリック

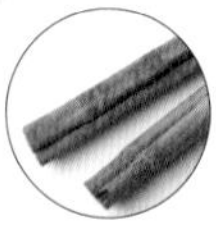

シナモンスティック

herb

ローリエ

ハーブ＆スパイスは好みで、クミンシードやカルダモンなどを使ってもおいしい。

チキン、なす、たけのこの グリーンカレー

材料（3〜4人分）

鶏もも肉…1枚
なす…2本
たけのこ（水煮）…100g
赤パプリカ…½個
グリーンカレーペースト（市販）…大さじ2
ココナッツミルク…1カップ
サラダ油…大さじ1
温かいごはん（タイ米がおすすめ）…適量

作り方

1 鶏肉はひと口大に切る。なすは皮をむき、縦に四つ割りにして水にさらす。たけのこは半分の長さに切り、5mm厚さに切る。赤パプリカは2cm四方に切る。

2 フライパンにサラダ油を中火で熱し、鶏肉を皮目から焼く。両面とも表面が焼けたらバットにとり出す。

3 同じフライパンにグリーンカレーペーストを入れ、鶏肉から出た脂とまぜながら弱火で2〜3分炒める。水1カップを少しずつ加えてとかし、鶏肉、なす、たけのこを加えて蓋をして10分ほど煮る。パプリカ、ココナッツミルクを加えてさらに10分ほど煮て器に盛り、ごはんを添える。

Spice

グリーンカレーペースト

ペーストから手作りするのは大変ですが、香辛料がベストな比率で配合された市販のペーストなら手軽。スーパーなどで買えます。

クックパッドから

厳選したカレー

クックパッドから厳選した、絶品カレー4選！
クックパッドの中でも、「スパイス」で一番検索されるレシピはカレー！　スパイスを買ったら、まず作ってみたいのが、絶品カレーですよね。ルウなしで本場のおいしさに。

1時間で作る、本格的なスパイスカレー。市販のルウを使わず、スパイスたった5種類で店のような味！

本格スパイスチキンカリー

材料（2人分）

鶏もも肉…1枚
玉ねぎ…1個
トマト…1個
にんにく（すりおろし）…2かけ分
しょうが（すりおろし）…1かけ分
A
- **コリアンダーシード**…大さじ1
- **ターメリック**…小さじ1
- **カイエンペッパー**…小さじ1/6～小さじ1（好みで）

湯…500mℓ
はちみつ…小さじ2
塩…小さじ1/2
粗びき黒こしょう…適量
クミンシード…小さじ1
サラダ油…適量

作り方

1 玉ねぎとトマトはみじん切りにする。コリアンダーは、コーヒーミルなどで粉状にする。鶏肉はひと口大に切って塩、こしょう各少々（分量外）を振る。
2 フライパンにサラダ油適量を熱し、強火で玉ねぎを炒める。飴色になるまで、しっかり炒める。にんにくとしょうがを加え、水分を飛ばしながら黒めの飴色になるまでしっかりと炒め〝焦がし玉ねぎ状〟にする。トマトを加え、強めの中火でしっかりとつぶしながらさらにしっかり炒める。
3 弱火にし、Aを加えてしっかりまぜる。塩を加え、炒める。湯、鶏肉を入れて30分ほど煮込む。煮詰めすぎたら、湯を足す。
4 はちみつを加え、味をみながら、塩適量（分量外）で調整する。
5 別の鍋にサラダ油適量を熱してクミンシードを炒め、4の鍋に入れる（油はね注意）。こしょう少々を加える。

Spice

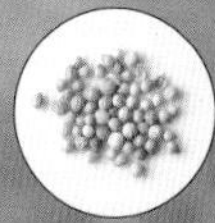

コリアンダー（ホール）
ホールを粉にしたての状態は、爽やかな香りが強い。

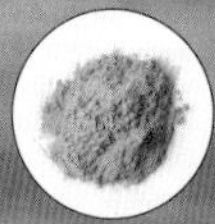

ターメリック
カレーに欠かせないスパイス。

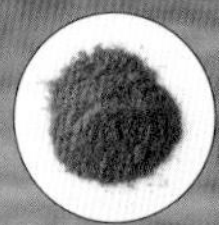

カイエンペッパー
別名チリペッパー。辛さは好みで調節してOK。

クミンシード
クミンは油と炒めて香りを引き出してから加える。

休日男子の本格スパイスチキンカリー！
ID：3582125 byおれんち厨房

酸味がなくクリーミーなものが好きなかたは
トマトでなく豆乳にしても。辛さも好みで調節して

簡単バターチキンカレー

材料（8皿分）

鶏もも肉…2枚
玉ねぎ…2個
クミンシード…大さじ1
A
- 塩…小さじ4
- **ターメリック**…大さじ1
- **カイエンペッパー**…ほんの少し

ガラムマサラ…小さじ1
バター…60g
トマト缶…1缶
生クリーム…200mℓ

作り方

1 玉ねぎは薄切りにする。鶏肉は一口大に切る。トマトはミキサーで撹拌する。
2 鍋にバターとクミンシードを熱し、香りが立つまで炒める。玉ねぎを加え、焦げないようにしんなりするまでよく炒める。合わせたAを加え、よくまぜ合わせる。
3 鶏肉を加えて表面が白っぽくなるまで炒め、撹拌したトマトと水1〜2カップを加え、沸騰したら蓋をして弱火で10分ほど煮る。
4 ガラムマサラを加えて味を調える。とろみがついたら生クリームを加える。好みで、雑穀米、ターメリックライス（米、ターメリック、ブイヨンを炊飯器で炊く）、チャパティなどと食べる。

スパイスで作る簡単バターチキンカレー
ID：3326898 by＊caco＊caco

Spice

クミンシード
最初にバターで炒めることで、香りが立つ。

ターメリック
別名ウコン。美容・健康にも最高。

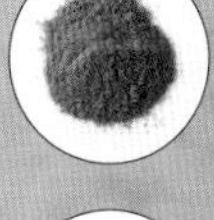

カイエンペッパー
辛さは好みで調節して。辛みが苦手な人や子どもにはなしでも。

ガラムマサラ
すでにスパイスが配合されている、カレーの味決めスパイス！

インドではサグ（青菜）といわれるポピュラーなカレー。2日目はさらにコクが出て食べ頃に

インド気分♪ なサグチキンカレー

材料（6人分）

ほうれんそう…2束（400g）
トマト…3個（またはトマト缶1缶）
鶏むね肉…2枚
玉ねぎ…1.5個
にんにく（みじん切り）、
　しょうが（みじん切り）…各1かけ分
クミンシード…小さじ2
コリアンダーパウダー、
　カルダモンパウダー…各大さじ2
塩…小さじ1
こしょう…少々
サラダ油…大さじ2
プレーンヨーグルト…大さじ3

作り方

1 ほうれんそうはざく切りにしてフライパンで蒸し焼きにし、ミキサーでペースト状にする。トマトもざく切りにし、ミキサーでペースト状にする。鶏肉はそぎ切りにし、玉ねぎは薄切りにする。
2 フライパンにサラダ油大さじ1を熱して鶏肉を炒め、火が通ったらとり出しておく。
3 続けてフライパンにサラダ油大さじ1、クミンを入れて炒め、香りが立ってきたら、にんにく、しょうが、玉ねぎの順に加えて炒める。玉ねぎが飴色になり、しんなりしてきたらコリアンダー、カルダモンを加え、香りが立つまでよく炒める。
4 1のトマトを加え、ひと煮立ちさせる。とろみが出てきたら、さらに1のほうれんそう、鶏肉を加え、抹茶色に変わるくらいまで煮込む。
5 最後にヨーグルトを加え、塩、こしょうで味を調える。

Spice

クミンシード
クミンを油で熱するのはスパイスカレーの王道ポイント！

コリアンダーパウダー
たっぷりとコリアンダーをきかせて。

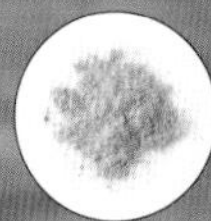

カルダモンパウダー
カルダモンで香りが一気に変わります。

インド気分」ほうれん草のカレー
ID：6132144 byネネノキッチン

ひき肉のうまみとなすがマッチして美味。油はインド特有のバターといわれる「ギー」がおすすめ

なすたっぷり！ 本格スパイスキーマカレー

材料（4人分）

なす…2本
玉ねぎ…2個
合いびき肉…250g
トマト缶（ホール）…1缶（400g）
プレーンヨーグルト…大さじ3
にんにく（チューブ）、
　しょうが（チューブ）…各小さじ2
塩…適量
クミンシード…小さじ1
A
- **クミンパウダー**、**コリアンダーパウダー**…各大さじ1
- **ターメリック**…小さじ2
- **カルダモンパウダー**…小さじ1
- **カイエンペッパー**…小さじ½

粗びき黒こしょう、**ガラムマサラ**
　…各適量
好みの油（あればギーがおすすめ）
　…大さじ1

作り方

1 なすはひと口大に切る。玉ねぎは粗いみじん切りにする。ボウルにトマト缶を入れ、手やへらなどでつぶしておく。

2 フライパンに油をひき、クミンシードを入れて弱火で熱して油に香りづけする。玉ねぎを入れ、塩ふたつまみを加えて炒め、フライパンに薄く広げる。強火にして3分放置し、裏返すようにまぜて、また薄く広げる。同じ作業を、2分、1分、30秒と時間を短くして繰り返す。

3 全体的にきつね色になったら、水20〜30㎖をまわし入れて蒸し焼き状態にし、水分が飛ぶまで放置する。完全に飴色のペースト状になるまで、蒸し焼き状態にして水分を飛ばす工程を繰り返す。弱火にし、にんにく、しょうがを加えてさっとまぜ合わせる。ひき肉を加え、色が変わる程度に中火で炒める。

4 トマトとヨーグルトを加えて強火で煮込む。ある程度水分が飛んだら、塩適量で調味する。火を止め、Aを加えて1分放置し、弱火にして全体をまぜる。味をみてこしょうを加える。

5 なすを加えて軽く炒め、強火にする。煮立ってきたら弱火にして10分ほど煮込む。焦げつかないよう時々まぜる。最後に好みでガラムマサラをかけて味を調整する。

Spice

クミン
パウダーとホールのダブル使いで風味満点。

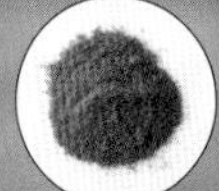

カイエンペッパー
辛みは好みで加減してOK。

ガラムマサラ
最後に味決めスパイスを。

なすたっぷり！ 本格スパイスキーマカレー
ID:6529920 byGASPAPA

Part 3

ハーブ&スパイスで 世界を旅する おつまみレシピ

クックパッドから厳選したおすすめレシピがいっぱい!
ワインに合うつまみから、アジアのつまみ、
居酒屋つまみもおうちで簡単に楽しめます。

ツレヅレハナコさんの

おつまみツアー

大根のソムタム風

タイでは青パパイヤで作りますが、大根で代用。
辛すぎるのが苦手な人は唐辛子を調節して

材料（2人分）

大根…4cm
ミニトマト…4個
ミント…5g
干しえび…大さじ1
A
　赤唐辛子（輪切り）…2本分
　ライムの汁…1個分
　にんにく（すりおろし）…½かけ分
　ナンプラー…大さじ2
　水…大さじ1
　砂糖…小さじ½
ピーナッツ…10粒

作り方

1 ボウルにAをまぜ、刻んだ干しえびを加えて10分ほどおく。大根はせん切りにして10分ほどおき、水けをしぼる。ミニトマトは5mm幅に切る。ピーナッツは粗く刻む。
2 1のボウルに大根、ミニトマト、ちぎったミントを加えてまぜる。器に盛り、ピーナッツをかける。

Herb

ミント
甘酸っぱいドレッシングに、ミントがぴったり。パクチーでも風味が加わっておいしい。

メネメン

トルコの朝ごはんの定番卵メニュー。
でも赤ワインによく合うので、私はいつもおつまみに

材料（2人分）

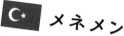

卵…2個
玉ねぎ…¼個
ピーマン…1個
トマト缶（カット）…½缶
クミンパウダー…小さじ½
塩、**粗びき黒こしょう**…各適量
オリーブオイル…小さじ1
バゲット…適量

作り方

1 卵は溶きほぐす。玉ねぎはみじん切り、ピーマンは5mm角に切る。
2 小さめのフライパンにオリーブオイルを中火で熱し、玉ねぎ、ピーマンを炒める。トマト缶、クミン、塩、こしょうを加えて3分ほど煮詰める。
3 卵を加え、かたまってきたらまわりからゆっくり中心に向かってまぜる。半熟で火を止め、こしょうを振って、バゲットを添える。

Spice

クミンパウダー
トマトと卵の味にふくらみを出すかのようなクミンの存在感は、ワインにぴったり。

パリのビオマルシェで買い食いするのが楽しみだった
ガレット。オイルをケチらないのが、カリッと焼き上がるコツ

Herb

ローズマリー
ローズマリーはほぐしてオイルで熱し、香りを出す。それがガレット全体にまざると美味。

材料（2人分）

じゃがいも…2個
ハム…2枚
ローズマリー…1枝
塩、こしょう…各少々
オリーブオイル…大さじ2

作り方

1 じゃがいもはスライサーでせん切りにして（水にさらさない）、塩、こしょうをまぜる。ハムは半分に切る。
2 小さめのフライパンにオリーブオイルとほぐしたローズマリーを入れて中火で熱し、じゃがいもの半量を広げる。ハムを置き、もう半量を上からのせてはさむ。
3 蓋をして2〜3分焼き、カリッと焼き色がついたら裏返してさらに2分ほど焼く。

世界中で食べ歩きするのが大好き。今回ご紹介するロシアの
水餃子「ペリメニ」は餃子好きの心をくすぐるはず。餃子って世界中で
愛されているんですね。ロシアでは、現地の家庭で朝ごはんにペリメニが。
熱々にバターをからめて出されたときはびっくり！　感動のおいしさでした。

餃子の皮ペリメニ

ロシアの水餃子。ロシアでは粉から生地を作りますが、日本では餃子の皮で手軽に！

材料（2〜3人分）

合いびき肉…150g

A
- 玉ねぎ（すりおろし）…1/4個分
- にんにく（すりおろし）…1/2かけ分
- 水…大さじ1
- 塩、**粗びき黒こしょう**…各少々
- **オールスパイス**…小さじ1/2

餃子の皮…20枚

B
- プレーンヨーグルト…1/4カップ
- **ディル**（葉を刻む）…2枚分
- にんにく（すりおろし）…少々
- 塩…少々

バター…10g

作り方

1. ボウルにひき肉を入れ、Aの塩を加えて練りまぜる。粘りが出たら、Aのほかの材料を加えてまぜる。
2. 餃子の皮に肉だねを等分してのせる。ふちに水をつけてひだをつけずに包み、端同士を前で合わせてとめる。
3. 湯を沸かして**2**を入れ、浮いてくるまで3分ほどゆでる。水気をきり、バターをからめて器に盛る。まぜたBを添える。

Herb

ディル

ロシア料理といえばディルが必須。肉を香りよく仕上げてくれます。

ひとくちアランチーニ

イタリアのライスコロッケ。おつまみ用に本場よりミニサイズに。チーズはブルーチーズでも美味

材料（2〜3人分）

玉ねぎ…1/4個

にんにく（みじん切り）…1かけ分

モッツァレラチーズ…30g

A
- トマトケチャップ…大さじ4
- 塩、こしょう…各少々

パセリ（みじん切り）…4枚分

オリーブオイル…大さじ1

温かいごはん…200g

小麦粉、卵、パン粉（細目）、揚げ油…各適量

作り方

1. 玉ねぎはみじん切りにする。モッツァレラチーズは6等分に切る。
2. フライパンにオリーブオイルとにんにくを入れて中火で熱し、香りが出たら玉ねぎを入れて炒める。Aを加えて1分ほど炒め、ごはん、パセリを入れて炒め合わせ、バットに移し粗熱をとる。
3. ごはんを6等分して、モッツァレラチーズを包んで丸く成形する。小麦粉、卵、パン粉の順に衣をつけ、中温（180℃）の油で揚げる。

Herb

パセリ

パセリをたっぷりと入れるとお酒に合う味に。

じゃがいもとハムのガレット

クックパッドから厳選！

ワインに合うつまみ

刺身用のサーモンを、
ワインに合うようカルパッチョに

サーモンのカルパッチョ

サーモンのカルパッチョ・ピンクペパーと
ID：1936818 by santababy

材料（2〜4人分）

サーモン（刺身用）…150g
玉ねぎ…½個
ベビーリーフ（飾り用）…適量
ハーブソルト（または塩）…適量
A
- オリーブオイル…適量
- 白ワインビネガー…小さじ2強
- レモン汁（他の柑橘類でも可）…小さじ1〜2

ピンクペッパー…適量

作り方

玉ねぎは薄切りにし、器に薄く敷く。スライスしたサーモンを並べ、ハーブソルトを全体にしっかりめに振り、まぜ合わせたAをまわしかけ、ベビーリーフ、ピンクペッパーを散らす。

Spice

ピンクペッパー
かむと口中に香りが広がるピンクペッパーは、サーモンにぴったり。

鶏肉は焼きすぎないように注意。チキン以外にも
ごぼうやキャベツなどの野菜にも合う

スパイス好きの簡単スパイシーチキン

材料（作りやすい分量）

鶏むね肉（もも、手羽、ささみでも可）…1枚
塩…小さじ½
こしょう…少々
クミンシード…小さじ1
チリパウダー…小さじ1
オリーブオイル…適量
〈ブライン液〉※むね肉をやわらかくする場合
- 水…100mℓ
- 砂糖…5g
- 塩…5g

Spice

チリパウダー
チリパウダーはミックススパイス。チリペッパーは唐辛子単品なので間違えると辛くなるので注意！

作り方

1. 鶏肉をやわらかく仕上げる場合は、ポリ袋にブライン液の材料をまぜて鶏肉を半日ほど漬ける。
2. 鶏肉は開くか、肉たたき、めん棒などで厚さを均一にする。皮はとってもとらなくてもよい。皮側全体に、フォークを何度か刺し、縦半分に切る。全体に塩、こしょう、クミン、チリパウダーをまぶし、押さえるようにつける。
3. オーブンの天板にクッキングシートを敷いて**2**をのせる。鶏肉の表面にスプーンなどで、オリーブオイルを薄くかける（むね肉以外の肉ならかけなくてOK）。
4. 200℃に予熱したオーブンで15〜20分焼き、そのまま庫内で20分〜天板に触れるくらいに冷めるまでおく。好みでミニトマト、チャービルを添える。

スパイス好きの簡単スパイシーチキン☆
ID：5005237 by みずか★

**ワイン好きが日々つまみにしているレシピを厳選。
見た目に華やかなメニューが多いので、来客時にもぴったり。
ハーブ&スパイスの力で、工程が簡単なのもうれしいポイント。**

むきえびで楽ちん。細目のパン粉のほうが
本場アメリカの味に近づく。子どもも大人も好きな味!

ポップコーンシュリンプ

ミニエビフライ(ポップコーンシュリンプ)
ID:6307645 by MomsRecipe

材料(作りやすい分量)

むきえび…30尾
塩…少々
こしょう…少々
〈バッター液〉
卵…1個
小麦粉…大さじ4
水…大さじ2弱
〈衣〉
パン粉(細目)…約1カップ
ガーリックパウダー…小さじ1
粉チーズ…大さじ1
パセリ(刻む)…適量
揚げ油…適量

作り方

1. えびは洗ってキッチンペーパーで水気をよくふく。塩、こしょうを振る。
2. ボウルにバッター液の材料を入れ、まぜる。
3. 別のボウルに衣の材料を入れてまぜる。
4. えびを**2**につけてから**3**の衣をつけて約180℃の油で揚げる。
5. 油をきって器に盛り付け、好みでレモンを添える。スイートチリソースとマヨネーズを合わせてつけるのもおすすめ。

黒オリーブをドライトマトのオイル漬けと
オレガノ、バルサミコ酢とあわせて

オリーブのおつまみ☆バルサミコハーブあえ

材料(4~6人分)

ブラック(またはグリーン)オリーブ…½袋
ドライトマト(オリーブオイル漬け)…3個
バルサミコ酢…大さじ2
オリーブオイル…大さじ½
オレガノ(ドライ)…小さじ½
粗びき黒こしょう…少々

作り方

1. 保存容器にバルサミコ酢、オリーブオイルを入れてまぜ、オレガノ、こしょうを加えてまぜる。
2. ドライトマトを粗みじん切りにする。**1**にドライトマトとオリーブを入れてまぜ、しばらくおく。食べる前日に作ると味がなじむ。

オリーブのおつまみ☆バルサミコハーブあえ
ID:835526 by ブランディ

Herb

オレガノ(ドライ)
ドライでも香りが強いオレガノは、ドライトマトやオリーブにも負けないアクセントに。

ワインに合うつまみ

かぼちゃと相性のよいクリームチーズとドライトマト、
ローズマリーを合わせ、彩りも風味もよい

かぼちゃとクリームチーズのキッシュ

南瓜とクリームチーズのキッシュ
ID：1976997 by うさぎのシーマ

材料（直径18cmのタルト型1台分）

かぼちゃ…正味150g
ドライトマト…4枚
クリームチーズ…50g
ローズマリー（ドライ）…小さじ½
A
- 卵…2個
- 生クリーム（植物性）…100㎖
- 牛乳（または無調整豆乳）…100㎖
- 塩…小さじ1
- 粗びき黒こしょう…少々

冷凍パイシート…1〜2枚

作り方

1 冷凍パイシートは小さければ2枚をつなぎ、型よりやや大きめにのばして敷き、冷蔵庫に入れておく。
2 かぼちゃは1cm角に切り、耐熱皿に入れて軽くラップをして、電子レンジ（600W）で2分加熱する。クリームチーズとドライトマトは、小さめに切る。
3 ボウルにAをまぜ合わせる。
4 **1**のタルト型を冷蔵庫から出し、**2**をバランスよく並べ、ローズマリーを散らす。**3**をそっと流し込む。
5 180℃に予熱したオーブンで、30分ほど焼く。粗熱がとれたら、型からはずす。

※オーブンは下段で焼き、最後の5分を上段で焼き目をつけて。ご使用のオーブンにより、焼き時間など調整して。

Herb

ローズマリー（ドライ）
かたいドライのローズマリーもパリッと焼くことで香りよく食べられる。

NYのバッファローという町が発祥の料理。
レストランやファミレスに必ずある
アメリカ人が大好きなチキン料理

バッファローウィング

NYのおつまみ。バッファローウィング
ID：645070 by Sala

材料（2人分）

鶏手羽先…6本
A
- **カイエンペッパー**（一味や赤唐辛子を刻んだものでも可）…小さじ1
- **ガーリックパウダー**（にんにくのみじん切り1かけ分でも可）…小さじ½
- **オールスパイス**…小さじ1
- 砂糖…小さじ½

小麦粉…大さじ2
B［タバスコ、バター…各大さじ3
セロリ、にんじん…各½本

作り方

1 鶏肉はフォークで数カ所を刺す。ポリ袋にAを入れてまぜ、⅓量は別にとりおく。
2 Aの入ったポリ袋に鶏肉を加えてもみ込み、1時間ほどおく（前日の晩にやるとよい）。
3 小麦粉を加えて全体になじませ、フライパンに底から約1cmの深さまで油を入れて温め、鶏肉を両面8分焼きの揚げ焼きにする。
4 Bを耐熱皿に入れて電子レンジ（600W）で加熱してまぜ合わせ、タバスコバターを作る。**3**が熱いうちによくからめ、180℃に温めたオーブンかオーブントースターで、付属のトレイにのせて約10分焼く。
5 器に食べやすく切ったセロリとにんじんを並べ、**4**を盛る。

具はえびとクリームチーズに、エスニック＆フレンチの味つけをしたハーブ入りのキャロットラペ♪

ちょいフレンチなキャロットラペ生春巻き

ちょいフレンチなキャロットラペの生春巻
ID：2293132 by フォレストヒル

材料（6本分）

ライスペーパー（直径16㎝）… 6枚
クリームチーズ（細長く切る）… 80g
サンチュやサラダ菜… 6枚
〈具材（えび）〉
えび（できれば殻付き）… 9尾
にんにく（みじん切り）… 1かけ分
オリーブオイル（炒め用）… 大さじ1
白ワイン（なければ酒）… 大さじ1
A ナンプラー… 大さじ1弱
A 砂糖… 小さじ½
A 塩… 軽くひとつまみ
A こしょう… 少々
レモン汁… 大さじ1
パルメザンチーズ（または粉チーズ）… 大さじ1
〈具材（キャロットラペ）〉
にんじん（せん切り）… 1本分
B **パクチー**（みじん切り）… 大さじ1〜2（好みで）
B **ミント**または**バジルの葉**（みじん切り）… 大さじ1〜2（好みで）

Herb

パクチー
ラペにエスニック風味のハーブを刻んで入れることで生春巻きの皮と相性抜群に。

作り方

1 フライパンにオリーブオイルとにんにくを入れて弱火でじっくり香りが立つまで炒める。えびを入れて炒め、表面が赤くなってきたら白ワインを入れ、一瞬強火にしてアルコールを飛ばす。再び弱火にしてAを入れ火を止め、蓋をして2〜3分おき、えびをとり出す。
2 **1**のフライパンの粗熱をとり、レモン汁とパルメザンチーズを入れる。えびは殻をむいて厚みを半分に切る。
3 ボウルににんじんを入れ、**2**のドレッシングを加えてあえる。Bを加えてさっくりまぜる。
4 ボウルにぬるま湯を張り、ライスペーパーを一瞬くぐらせる。
5 まな板または皿にライスペーパーを置き、ライスペーパーの余分な水分をキッチンペーパーでふきとる。奥から具を並べる。えびの赤い面を下にして3つ並べ、えびの上に葉野菜の表面を下にして置く。
6 えびの手前に**3**のキャロットラペと、その手前か上にクリームチーズをのせる。キャロットラペとクリームチーズがしっかり一回転するようにキュッと包み、両端をなるべくシワにならないように手早く内側に折り込む。さらにライスペーパーをキュッと一回転させ、えびと葉野菜の部分も包む。

まぜるだけ☆ クリスマスのオードブルやワインのおともに♪ バゲットやベーグルに塗って朝食にも♪

万能ハーブチーズ

♡万能♡ハーブチーズ☆
ID：701133 by 1646

材料（4人分）

クリームチーズ… 200g
好みのハーブのみじん切り（**バジル**、**ローズマリー**、**チャイブ**、**セルフィーユ**、**イタリアンパセリ**、**オレガノ**など）… 大さじ1〜
生ハム… 約30g
粗びき黒こしょう… 適量
トッピング用ナッツのみじん切り（アーモンド、ピーナッツ、ごまなど）… 各適量

作り方

1 クリームチーズは室温に戻しておく。生ハムはみじん切りにする。
2 ハーブの色が変わらないうちにボウルに入れ、**1**、こしょうをまぜ合わせ、冷蔵庫で冷やす。簀巻きにラップを敷き、円筒状にし、冷蔵庫で冷やし固める。湯で温めた包丁で輪切りにし、ナッツ類をトッピングする。

Herb

バジル、ローズマリーなど
生で食べられるハーブはどんなものでも相性◎。いろいろな種類を楽しんで。

小堀紀代美さんの

おつまみツアー

えびトースト

タイの揚げパン。ジュワッと揚げたパンがたまらない、お酒に合う屋台フード！

材料（作りやすい分量）

食パン（6〜8枚切り）…2枚
むきえび…100g
A
- ねぎ（みじん切り）…10cm分
- **パクチー**（みじん切り）…1株分
- 酒…大さじ1/2
- 卵白…1個分
- 片栗粉…大さじ1
- ごま油…小さじ1/2
- ナンプラー…小さじ2/3
- いり白ごま…少々

揚げ油、いり白ごま…各適量

作り方

1. 食パンは耳を落として4等分に切る。
2. むきえびは包丁で粗めにたたいてボウルに入れ、Aを加えてまぜ、パンに塗る。
3. 170℃の揚げ油でえびをのせた側から揚げ、きつね色になるまで両面揚げる。器に盛り、ごまを振る。好みでスイートチリソースをつけても。

Herb

パクチー
えびとパクチーはタイ料理でも相性◎。

いんげんのピリ辛あえ 冷奴にのせて

台湾のお店で出会った味。冷奴にのせてアレンジしましたが、そのままつまんでも美味

材料（2人分）

木綿豆腐…1丁
さやいんげん…7〜8本
しょうゆ…小さじ1.5
すり黒ごま…大さじ1
A
- ごま油…大さじ2
- **赤唐辛子**…2本
- **クミンシード**…ひとつまみ
- **花椒**…小さじ1/4
- あれば豆豉（トウチ）（みじん切り）…5粒分
- にんにく、しょうが（ともにみじん切り）…各少々
- ねぎ（みじん切り）…大さじ1

ごま油…少々

作り方

1. 豆腐は半分に切り、いんげんは7〜8mm幅に切る。
2. フライパンにAを入れて香りが立ってくるまで弱めの中火で炒め、いんげんを入れてさっと炒める。しょうゆとすりごまを加えて炒め、水大さじ1を加えてフライパンについたうまみをこそげながら水分が飛ぶまでよくまぜる。
3. 器に豆腐を盛り、塩少々（分量外）を振り、2をのせて、ごま油をたらす。

Spice

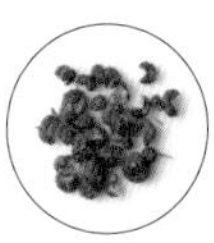

花椒（ホワジャオ）
ごま油で花椒の香りと辛みを引き立てて。

海外の食べ歩きはアメリカ、中東、ヨーロッパ、台湾など思い出がいっぱい。今回ご紹介する中でも「いんげんのピリ辛あえ」は、台湾で行ったお店の〝裏メニュー〟。常連さんしか知らない、メニューにないお料理って魅力的ですよね。忘れられなくて、再現してみました。

モチモチとしたブラジルのチーズパンを、スパイス入りでおつまみ向きに

ポンデケージョ

材料（10個分）

タピオカ粉…100g
クミンシード…小さじ½
牛乳、水…各40mℓ
米油…20mℓ
塩…小さじ¼
卵…1個
粉チーズ…40g

作り方

1 ボウルにタピオカ粉とクミンを入れる。
2 鍋に牛乳、水、油、塩を入れて中火にかけ、沸騰直前で火を止め、**1**のボウルに加えてゴムべらで練りまぜ、粗熱をとる。
3 別のボウルに卵とチーズを合わせてよく溶きまぜ、少しずつ**2**に加えて均一になるまでまぜる（耳たぶくらいのかたさに）。ラップをかけて冷蔵庫で10分ねかせる。
4 手に米油（分量外）をつけ、生地を10等分にし、直径5cmほどに丸める。
5 クッキングシートを敷いた天板に間隔をあけて置き、200℃に予熱したオーブンで18〜20分焼く。

Spice

クミンシード
本来はプレーンだが、好みのスパイスを入れても美味。

スパイシーローストナッツ

ビールにぴったりのヘルシースナック。手が止まらなくなるおいしさ

材料（作りやすい分量）

ミックスナッツ…200g
バター…15g
塩…小さじ⅓
いり白ごま…大さじ1
クミンシード…小さじ1
ガラムマサラ…小さじ2
パプリカパウダー（好みで）…小さじ¼
カイエンペッパー（好みで）…少々

作り方

1 天板にクッキングシートを敷いてナッツを広げ、180℃に温めたオーブンで10分焼く。バター、塩、白ごま、クミンを加えてひと混ぜし、さらに10分ローストする。
2 オーブンからとり出したらパプリカとカイエンペッパー、ガラムマサラを振りまぜ、天板の上でそのまま冷ます。

Spice

ガラムマサラ
独特なやみつき味の秘訣はガラムマサラ。クミンのほか、カレー粉などでも。

クックパッドから厳選!

アジアのつまみ

まるで恐竜の卵!? 台湾ではコンビニで
売っているほどポピュラーな煮卵

台湾茶葉煮卵

材料（2人分）

ゆで卵…2〜3個

A
- しょうゆ…大さじ2
- 塩…小さじ1
- **五香粉**…小さじ½
- 黒ウーロン茶…適量
- 水…400mℓ

作り方

1 ゆで卵の殻に細かくヒビを入れる。
2 小鍋にAを合わせてゆで卵を入れ、弱火にかけて蓋をして30分〜1時間煮る。
3 冷えたら保存容器に移し、冷蔵庫で一晩漬け込む。殻をむいて食べる。

Spice

五香粉（ウーシャンフェン）
五香粉さえあれば簡単に作れる! シナモンと花椒（ホワジャオ）でもOK。

簡単!恐竜の卵☆台湾茶葉煮卵（茶葉蛋）
ID：5299857 by だんどり亭

さっと作れる炒め物。にんにくと唐辛子が
食欲をそそる味わいで、パクパクいけちゃう

ピリ辛空心菜炒め

とっても簡単★ピリ辛な空心菜の炒めもの
ID：6892826 by ＊nob＊

アジアとひと言で言っても、さまざまな国や地方の味があります。
中国、韓国、台湾、インド、メキシコや中東などで親しまれる、酒場の力強いつまみの数々を、家で楽しんで。旅する楽しさをおうちで♪

ひき肉のうまみをなすが吸って相性抜群♪
バジルの香りでハマる味

ひき肉となすのバジル炒め

台湾料理★挽肉と茄子のバジル炒め
ID：1175583　by みぞれっちファン

材料（3〜4人分）

なす…大きめ3本
合いびき肉…150g
しいたけ（生）…3個
バジル…4〜5枝（約30g）
ねぎ…1本
赤唐辛子…1本
にんにく…2かけ
A
- 砂糖…小さじ1
- しょうゆ、酒、片栗粉…各少々

B
- オイスターソース…大さじ1強
- しょうゆ、酒、砂糖…各大さじ1
- 鶏ガラスープの素…小さじ1/2
- 水…50mℓ

油…適量

作り方

1 ひき肉にAを加えてまぜ、30分ほどおく。ねぎは斜め薄切りに、赤唐辛子は半分に切り、にんにくは包丁の腹でつぶす。しいたけ、バジル、なすは食べやすい大きさに切る。
2 フライパンに多めの油を入れて温め、なすを入れて揚げ焼きにする。色が少しついたらザルにあげて油をきる。
3 フライパンに大さじ1くらいの油を残し、ねぎ、赤唐辛子、にんにくを入れて炒めて香りをつける。ひき肉を入れて炒めて火が通ったら、しいたけを入れて炒める。しいたけがやわらかくなったら、2のなすを入れてさっとからめる。合わせたBを入れて煮立てる。
4 水分が少し飛んだら、バジルを入れてからめる。

Herb

バジル
バジルは多めに入れるのがおすすめ。台湾料理でもよく使われるハーブ。

材料（2人分）

空心菜…2束
赤唐辛子…1本
しょうゆ…約大さじ1/2
紹興酒…大さじ1
ごま油…大さじ1
にんにく（みじん切り）…小さじ1
レッドペッパーパウダー
…小さじ1/4〜1/3
塩…1〜2つまみ

作り方

1 空心菜は根元のかたい部分は切り落とし、食べやすい長さに切る。
2 フライパンを温めて、ごま油大さじ1/2を入れ、半分に折った赤唐辛子を種ごと入れる。赤唐辛子の周辺に小さな泡が出てきたら、空心菜を入れて炒める。しんなりしてきたらしょうゆ、紹興酒、にんにくを入れて再度さっと炒める。
3 紹興酒のアルコールが飛んだらレッドペッパーを振り入れ、残りのごま油もまわし入れて、塩で味を調える。

※空心菜はすぐに火が通るので炒めすぎには注意。炒めすぎると独特のシャキシャキした食感がなくなったり、色が悪くなってしまうことも。

Spice

レッドペッパーパウダー
赤唐辛子やレッドペッパーの辛みは好みで量を調節して。

フムスは中近東、地中海沿いなどで食べられる
伝統的なひよこ豆と練りごまのペースト

ひよこ豆のフムス

うちのフムス〜ひよこ豆と練り胡麻ペースト
ID：2179751 by gingamom

材料（1カップ分）

ひよこ豆（ゆでたもの）…1カップ
にんにく…小1かけ
A ひよこ豆のゆで汁（または缶汁か水）…大さじ2
練り白ごま…小さじ5
レモン汁…小さじ4〜5
塩…小さじ1/4強
オリーブオイル…大さじ1〜2
クミンパウダー、**カイエンペッパー**
（パプリカパウダー＋粉唐辛子でもよい）
…各適宜
イタリアンパセリ（粗みじん切り）…適宜

作り方

1 ひよこ豆は、乾物か、缶詰などを使う。乾燥ひよこ豆の場合は吸水させて水からゆでる。
2 フードプロセッサーに汁気をきったひよこ豆と4〜5切れに切ったにんにくを入れ、粗めのペーストになるまで撹拌する。さらにAを加えてなめらかなペーストになるまで撹拌する。
3 味をみて塩やレモン汁が足りないようなら足す。
4 器に盛り、オリーブオイルをまわしかけ、クミンパウダー、カイエンペッパーやイタリアンパセリを飾る。

Spice

クミンパウダー
クミンは撹拌するときに混ぜ込んでもOK。
好みで加減して。

オイリーなチップスを食べたときの罪悪感を
ぬぐえるフレッシュソース。パーティーでも大人気

サルサ＆チップス

チップスのお供に、サルサソース!!
ID：3402171 by Msうさぎ

材料（チップス1袋分）

トマト…1個
セロリ（葉付き）…1/2本
きゅうり（皮のみ）…1/2本分
紫玉ねぎ（なければ玉ねぎ）…小1個
パクチー（粗みじん切り）…1株分
A オリーブオイル、酢…各大さじ1
レモン汁…大さじ1/2
オールスパイス…少々
塩、タバスコ…各少々

作り方

1 野菜はすべて粗みじん切りにする。きゅうりと玉ねぎはキッチンペーパーなどで汁気をとる。
2 1、パクチー、Aをボウルに入れてまぜる。食べる前に少し冷蔵庫でねかせると味が落ち着く。

Herb

パクチー
できればフレッシュのものを入れると、本格メキシカンに。

本場インドで習ったタンドリーチキンを作りやすくアレンジしたというレシピ。本格的なスパイスの配合!

インド直伝!タンドリーチキン

インド直伝!本格的タンドリーチキン!
ID:471933 by M'Sキッチン

材料(2人分)

鶏もも肉…700g
玉ねぎ…1/2個

A
- プレーンヨーグルト…200g
- しょうが(すりおろし・チューブ)…2.5cm
- にんにく(すりおろし)…2かけ分
- レモン汁…大さじ2
- **パプリカパウダー**、**コリアンダーパウダー**、**クミンパウダー**、**チリパウダー**…各大さじ1
- **ターメリックパウダー**、**カルダモンパウダー**…各大さじ1/2
- 塩…小さじ2

バター(もしくはギー)…100g

作り方

1. 鶏肉は、切る前にすりおろした玉ねぎにできれば1時間漬けておくと、やわらかくジューシーになる。とり出して水気をふき、大きめに切り、表面に包丁で縦に何本か切り目を入れる。
2. ジッパーつき保存袋などにAをまぜ合わせ、1を入れ、冷蔵庫で1〜2日間ねかせる(インドでは3時間ほどの家庭も)。
3. ペーストをぬぐい、バターを塗る。クッキングシートを敷いた天板に並べ、オーブンで予熱なし250℃で20〜25分焼く。つまようじで肉を刺して透明な汁が出ればOK。

Spice
カレー粉を使わない本格的な配合。

ローズマリーの香り高いピクルス。オイルをプラスしてサラダのドレッシングにしても◎

にんじんのハーブスパイスピクルス

にんじんピクルス★薬膳★スパイス&ハーブ
ID:6879922 by ゆみちゃまキッチン

材料(作りやすい分量)

にんじん…100g

A
- 調味酢…50mℓ
- **ローリエ**…1枚
- **赤唐辛子**…1本
- **黒こしょう**(ホール)…5粒
- **クミンシード**…ひとつまみ
- **ローズマリー(ドライ)**…ひとつまみ

作り方

1. にんじんはピーラーでリボン状に削る(短冊切りでもOK)。
2. 保存容器にAを入れる。にんじんを漬け、30分〜できれば半日ほどおく。保存は冷蔵で1週間程度。

Spice

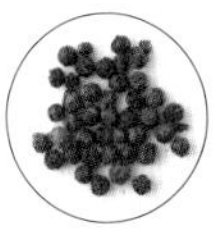

黒こしょう(ホール)
ほかに、マスタードシード、コリアンダーシード、オールスパイス、クローブ、ローリエ、シナモン、ジンジャー、ディルなど、好みのスパイスやハーブでOK。

上田淳子さんの

おつまみツアー

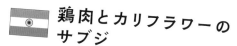

メキシコ料理のサルサの一種。
p.78のサルサと一緒に並べてチップスを添えても、おいしい

パクチー入りのワカモレ

材料（作りやすい分量）

アボカド…1個
玉ねぎ（みじん切り）…大さじ2
パクチー（刻む）…1/2カップ
塩…小さじ1/4
粗びき黒こしょう…少々
レモン汁…小さじ2
タコチップ…適量

作り方

1 玉ねぎは水に10分さらして水気をきり、キッチンペーパーで包み、水気をしぼっておく。
2 アボカドは包丁でぐるりと切り込みを入れて2つに割り、種をとる。スプーンで中身をかき出し、ボウルに入れる。フォークなどでつぶし、塩、こしょう、レモン汁を加え味を調える。
3 パクチーと玉ねぎを加えてまぜ、タコチップにつけながら食べる。

Herb

パクチー

フレッシュのパクチーを入れると本格的。合わせて好みのスパイスを入れてもおいしい。

鶏肉とカリフラワーのサブジ

サブジとは、インド料理の野菜の蒸し炒め煮のこと。
じゃがいもやブロッコリーなど、
いろいろな野菜で楽しむのも◎

材料（2人分）

鶏もも肉…150g
カリフラワー…1/2個（250g）
クミンシード…小さじ1
カレーパウダー…小さじ1/2
サラダ油…大さじ1
塩、**粗びき黒こしょう**…各適量

作り方

1 鶏肉は2cmの角切りにし、塩小さじ1/4、こしょうをまぶしておく。カリフラワーは小房に分ける（大きいものは半分に切る）。
2 フライパンにクミンとサラダ油を入れ中火にかける。香りが立ってきたら鶏肉、カリフラワーを入れさっと炒める。カレー粉と水大さじ4を加え蓋をし、4分ほど蒸し煮にする。
3 蓋をとって余分な水分を飛ばしながら炒め、塩、こしょうで味を調える。

Spice

クミンシード

サブジに欠かせないクミンシード。まずはクミンを油で熱して香りを引き出して。

昔フランスを訪れたときに初めて食べたタブレに感激。オリーブオイルにレモンと塩を合わせるとこんなにおいしいのだと！タブレは現地ではクスクスで作られますが、日本でも作りやすく食べやすく、今回は米で作るレシピをご紹介します。もち麦や押し麦でも美味。

ミント風味のツナ入りライスサラダ タブレ風

タブレは、フランスで親しまれる、クスクスのサラダ。
ライスサラダにアレンジすれば、
残ったごはんなどでも作りやすい♪

材料（2〜3人分）

ごはん…150g（茶碗1杯分）
トマト…小1個
きゅうり…1/2本
玉ねぎ（みじん切り）…大さじ2
ピーマン…1個
ツナ缶…小1缶
A
- オリーブオイル、レモン汁…各大さじ1
- 塩…小さじ1/3
- **粗びき黒こしょう**…少々

B
- 塩、**粗びき黒こしょう**…各適量
- レモン汁、オリーブオイル…各大さじ1

ミントの葉…1/2パック分

作り方

1 ごはんを電子レンジで熱々に温め、Aを加えてまぜ、冷ます。
2 玉ねぎは、水に10分ほどさらしてキッチンペーパーで包み、水気をしぼっておく。きゅうりは縦に4等分に切り、7mm幅に切る。ピーマンは粗みじんに刻んでおく。トマトは半分に切って種をとり、1cmの角切りにする。ツナは油をきっておく。
3 **1**が冷めたら、**2**、Bを入れてまぜる。粗く刻んだミントの葉を加えてまぜる。

Herb

ミント
レモンとオリーブオイルにミントを添えて爽やかなサラダに。

刺身のユッケ

肉の刺身を使った韓国風のタルタルを、まぐろで。
たれがまぐろにからんでたまらない

材料（2人分）

まぐろ（刺身用）…150g
A
- コチュジャン、ごま油、しょうゆ…各小さじ1
- にんにく（すりおろし）…少々
- **粉唐辛子**…少々

いり白ごま…適量
万能ねぎ（小口切り）…適量
卵黄…1個分

作り方

1 まぐろは食べやすい大きさの角切りにする。
2 ボウルにAを入れてまぜ、**1**を入れてからめる。
3 器に盛り、万能ねぎとごまを散らし、中央に卵黄をのせる。

Spice

粉唐辛子
韓国料理のスパイスといえば、唐辛子。唐辛子のパウダーは味つけによく使われる。

クックパッドから厳選!

おうち居酒屋

「これおいしいね!」って言われちゃうやみつき唐揚げ。
スパイスは好みのものでOK

スパイスまみれ★香ばし唐揚げ

新定番!スパイスまみれ★香ばし唐揚げ
ID:6675103 byカリニAYA

Spice

スパイスは、種類も分量も好みのものでOK。辛くしたり香りを強くしたりアレンジできる。

材料(4人分)

鶏もも肉…2枚

A
- 酒…大さじ1
- しょうゆ…大さじ2
- にんにく(すりおろし)、しょうが(すりおろし)…各1かけ分
- **ガラムマサラ、ナツメグ、コリアンダーパウダー**…各小さじ1
- **シナモンパウダー**…小さじ1/2
- **こしょう**…小さじ1/2
- **クミン**…小さじ2

小麦粉、片栗粉…各適量
揚げ油…適量

作り方

1 Aをジッパーつき保存袋などに入れてまぜる。
2 鶏肉はひと口大に切って**1**に入れ、20分ほどおいて味をしみ込ませる。
3 鶏肉をザルにあげて、水気をきる。小麦粉と片栗粉を1:1でまぜ、鶏肉にまぶす。
4 180℃に熱した油で、火が通るまで揚げる。なるべく触らず、こんがり中まで火が通ったら、油をきる。

漬けずに、ポリ袋に切ったきゅうりとスパイスなどを
入れて1分振るだけでできあがり♪

ポリ袋でスパイシーきゅうり

材料(2〜3人分)

きゅうり…2本

A
- 塩…ひとつまみ
- きび糖…小さじ1/4
- **粗びき黒こしょう**…適量
- **花椒パウダー**…小さじ1/6
- 粗びきガーリックパウダー…小さじ1/4
- 鶏ガラスープの素…小さじ1/6

ごま油…小さじ1

作り方

ポリ袋に乱切りにしたきゅうりとAを入れる。袋に空気を入れた状態で1分ほど振る。ごま油を加え、もう少し振ってなじませる。

Spice

花椒(ホワジャオ)**パウダー**

ほかのスパイスでアレンジしてもOK。クミンやカレー粉などでもおいしい。

ポリ袋で1分振るだけ☆スパイシーきゅうり
ID:6763236 by♡花ぴー♡

おうちで飲むなら、パパッと作れるつまみが必須。おかずにもぴったりです。
ビールにハイボール、日本酒、焼酎に相性のよいおつまみをご紹介。
お疲れ様のごほうびに、居酒屋メニューを楽しんで

クミンと赤唐辛子が刺激的☆
ビールがとまらない危険なおつまみ

枝豆のスパイス炒め

材料（作りやすい分量）

枝豆…1袋（約250g）
クミンシード…小さじ½
にんにく（みじん切り）…1かけ分
赤唐辛子（輪切り）…1本分
塩…適量
ごま油…大さじ1

作り方

1 枝豆は枝付きのものはキッチンばさみなどで切ってはずす。その際ヘタの部分を切ると味がしみ込みやすい。ボウルに入れ、塩小さじ1を振ってよくもみ込み、5分おく。両手で枝豆同士をこすり合わせて汚れと表面の毛を落とし水ですすいで水気をきる。
2 フライパンにごま油とにんにくを入れて中火にかけ、香りが立ったらクミンシードと赤唐辛子を加え、油に香りを移す。
3 火を少し強めて枝豆を加え軽く炒める。油がまわったら水150mℓと塩ふたつまみを加え、時々かきまぜながら汁気がなくなるまで炒め煮にする。味をみて、塩が足りなければ調整する。

※冷凍の枝豆でも作れる。その場合水を大さじ3に減らして手早く仕上げて。また、塩味がついているので、塩は加えなくてOK。

枝豆のスパイス炒め
ID：1498155　byルクルーゼ☆

Spice

クミン、にんにく、赤唐辛子をごま油で熱すと香りのマリアージュがたまらない！

たれいらず！　スパイスをたっぷりときかせた、
ピリッと辛い大人の餃子

大人のスパイシー餃子

スパイスで作る☆大人のスパイシー餃子
ID：2327174　byあいわい。さん

Spice

花椒（ホワジャオ）パウダー
辛さは調節して。少し和風に仕上げたいときは、山椒などでも。

材料（25個分）

餃子の皮…25枚
豚ひき肉…120g
にら…½束
A
- 中華だし（ペースト）…5g
- しょうゆ、ラー油…各大さじ1
- 酢…大さじ½
- にんにく（すりおろしまたは刻む）…大さじ½
- **黒こしょう**…2つまみ
- **花椒パウダー**…小さじ½
- ごま油…小さじ1

片栗粉…大さじ1
ごま油（焼き用）…大さじ1
糸唐辛子（飾り用）…適量

作り方

1 ボウルにA、ひき肉を入れ、粘りが出るまでよくまぜ合わせ、細かく刻んだにらと片栗粉を加え、さらによくまぜる。
2 1を餃子の皮で包む。
3 フライパンにごま油を熱し餃子を並べ、水をフライパン一面に広がるくらい入れて蓋をし、蒸し焼きにする。
4 水が少なくなってきたら蓋をとり、強火で表面をカリッと焼き上げて器に盛り、糸唐辛子を添える。

ハーブとマスタードで作る鶏肉の香草焼き。
揚げていないのでフライよりヘルシーで楽ちん

サクサクジューシーな 鶏肉の香草パン粉焼き

材料（2人分）

鶏もも肉…2枚（500g）
にんにく（みじん切り）…1かけ分
塩、**粗びき黒こしょう**…各少々
オリーブオイル…大さじ1
マスタード…適量
A ┌ パン粉…50g
　│ **パセリ（ドライ）**…大さじ2
　└ **オレガノ（ドライ）**…少々

作り方

1 ボウルにAを入れてよくまぜ合わせ、にんにくを加えてさらにまぜ合わせる。
2 鶏肉は余分な脂肪や軟骨をとり除いたら両面に塩、こしょうを振り、下味をつける。
3 フライパンを中火で熱してオリーブオイルをひき、鶏肉を皮目を下にして焼く。焼き色がついたら裏返し、蓋をして弱火で10分焼く。
4 鶏肉をとり出して縦半分に切り、表面にマスタードを塗り、クッキングシートを敷いた天板にのせ、1のパン粉を散らして、180℃に予熱したオーブンで20分焼く。
5 器に盛り、トマトやレタス（分量外）を添える。

ハーブとマスタードで作る鶏肉の香草焼き
ID：6859669 by ゆきふくっく

Herb

オレガノ（ドライ）
香りが強いオレガノはにんにくを合わせてもおいしい。ミックスハーブなどでも。

脇役のパセリを主役級にたっぷり。
つまみや、ステーキなどの付け合わせにも◎

パセリ大量消費！ ポテトサラダ

パセリ大量消費！ポテトサラダ
ID：5563730 by ニジノママ

材料（作りやすい分量）

じゃがいも…3個
にんじん…½本
アスパラガス…1束
パセリ（茎付き）…3枚
A ┌ マヨネーズ…大さじ3
　│ ハーブソルト
　│ （または塩、こしょう）…適量
　└ **粗びき黒こしょう**…少々

作り方

1 じゃがいも以外の野菜は小さめに切り、沸騰した湯で2〜3分ほどゆでる。
2 じゃがいもは皮をむいて大きめの乱切りにし、耐熱容器に入れてラップをし、電子レンジ（600W）で5分加熱する。やわらかくなったらボウルに入れ、フォークで軽くつぶす。
3 1、Aを加えてまぜる。

ハーブの香りがたまらない！
ビールはもちろん、ワインにも合う春巻き

バジルのえび春巻き

ハーブ香る♪スティック春巻き
ID：928260　by fulilinmama

材料（2人分）

春巻きの皮（ミニサイズ）…8枚
えび（ブラックタイガー）…正味120g
鶏ひき肉…100g
玉ねぎ…1/4個
バジル（みじん切り）…大さじ3
塩、片栗粉…各少々
酒…大さじ1
A
- **オレガノ（ドライ）**（あれば）…適量
- マヨネーズ…大さじ1.5
- オリーブオイル…小さじ2
- にんにく（すりおろし）…小さじ1
- 塩、**こしょう**…各適量

水溶き小麦粉…適量

作り方

1. えびは塩、片栗粉でもみ洗いし、酒を振っておく。
2. えびと玉ねぎはみじん切り（フードプロセッサーでも）にし、ボウルに入れてバジル、ひき肉とまぜる。Aを加えてさらにまぜ合わせる。
3. 縦半分に切った春巻きの皮でスティック状に包み、巻き終わりを水溶き小麦粉でとめ、170℃の油で揚げる。

Herb

バジル
ディルやパクチーにアレンジするとまた違うおいしさに。

レンチンしたなすにバジルみそを塗り、
チーズをのせてトースターで焼くだけ！

なすのバジルみそチー田楽

簡単トースターでナスのバジル味噌チー田楽
ID：6331006　by マユミリオン

材料（作りやすい分量）

なす…1本
A
- みそ…大さじ1
- 砂糖…小さじ1/2
- みりん…小さじ1
- 粉チーズ…小さじ1
- **バジル**（みじん切り）…3枚分
  （ドライバジルなら小さじ1/2）

オリーブオイル…小さじ1
ピザ用チーズ…適量

作り方

1. なすは縦半分に切りラップで包み、電子レンジ（500W）で2分加熱する。Aはまぜておく。
2. トースターに入る大きさにアルミホイルを四角く折り、付属のトレイになすをのせ、Aを塗る。チーズをのせ、オリーブオイルをかけ、トースターで5分ほど焼き色がつくまで焼く。好みで、ピンクペッパーやブラックペッパーをかけても。

※みそにより塩分が違うので、バジルみそは味見して調整してください。

Herb

バジル
和の調味料にも合うバジルの奥深さ。どんなお酒とも相性抜群。

Part

4

ハーブ＆スパイス使いで本場の味。

お店みたいな ごちそうテーブル

小堀紀代美

みんなでだんらんしたいときの、ごちそうテーブル。
ハーブとスパイスをたっぷり使って、
気分に合わせた各地の料理をおうちでも楽しめます。

こぼり・きよみ　料理研究家。料理教室「LIKE LIKE KITCHEN」主宰。実家は栃木の洋菓子店で、幼い頃から食が大好き。各国の料理を食べ歩き、そこで出会った味からオリジナルレシピを作り始め、2010年にカフェ「LIKE LIKE KITCHEN」を開き、食通たちの間で評判を呼ぶ。その後、料理教室「LIKE LIKE KITCHEN」を始め、予約のとれない人気の教室と話題に。雑誌、書籍、テレビでも活躍中。著書に『予約のとれない料理教室ライクライクキッチン「おいしい!」の作り方』『ライクライクキッチンの旅する味　予約のとれない料理教室レッスンノート』（ともに主婦の友社）ほか多数。
Instagram @likelikekitchen

台湾中華のテーブル

みんなで食卓を囲む日は、やさしい味わいの
中華の小皿料理をいろいろ。
スパイス使いで本場の台湾の屋台フードを再現！

台湾唐揚げ

たたききゅうりの
花椒（ホワジャオ）ディルあえ

トマト牛肉めん

皿ワンタン

「大鶏排（ダージーパイ）」と言われる、台湾夜市の定番グルメ。
カリカリでスパイシーな衣。本場は一枚まるごとを平たくして揚げた大判サイズ！

台湾唐揚げ

材料（4人分）

鶏もも肉、鶏むね肉…各1枚
塩…ひとつまみ
黒砂糖（砂糖でも可）…小さじ1
A
- **五香粉**…小さじ1.5
- しょうゆ、紹興酒…各大さじ2
- にんにく（すりおろし）…少々
- **粗びき黒こしょう**…少々

片栗粉…大さじ4
米粉…適量
揚げ油…適量

作り方

1 鶏肉は余分な脂をとり除き、1枚を4〜5等分に切る。ボウルに鶏肉を入れて塩と砂糖を入れ、もむ。Aを加えてまぜ、30分おく。
2 1のボウルに片栗粉を加えてよくまぜる（汁は捨てない）。バットにあけ、全体に米粉をまぶす。
3 170℃に熱した油に入れ、1分ほど触らずに揚げ、色づき始めたら強火にして時々返しながら3〜5分揚げる（香ばしくなって、手にジリジリと振動が伝わってくるまで。返すときは、空気に触れさせるように）。
4 網にあげて、油をきる。

Spice

五香粉（ウーシャンフェン）
台湾屋台の唐揚げに近づけるにはこのスパイスが決め手。

ディルと花椒を使った、箸休めにぴったりの
ハーブ&スパイス感たっぷりなきゅうりの浅漬け

たたききゅうりの花椒（ホワジャオ）ディルあえ

材料（4人分）

きゅうり…2本
塩…適量
ごま油…大さじ1
花椒…小さじ2
ディル…3〜4枝

作り方

1 きゅうりは塩を振って板ずりし、めん棒などでたたいて4等分に割り、縦半分に切る。
2 ボウルにきゅうり、塩小さじ1/4を入れてまぜ、10分おく。出てきた水気をきり、花椒、葉を摘んだディル、塩ひとつまみ、ごま油を加えてあえる。

Spice

花椒（ホワジャオ）
唐辛子でなく花椒で香りのよい辛みをプラス。好みで調節してOK。

Herb

ディル
台湾では案外、ディルやバジルなどのハーブを使う料理が多い。

ツルツルいけちゃう、汁なしのえびワンタン。
豚ひき肉は鶏ももひき肉でもおいしい

皿ワンタン

材料（4人分）

ワンタンの皮…20枚

A
- 豚ひき肉…50g
- むきえび（粗みじん切り）…50g
- セロリ（みじん切り）…50g

B
- 片栗粉、しょうが（すりおろし）…各小さじ1
- 塩、酒…各小さじ1/2

パクチー（ざく切り）…適量

〈花椒入りねぎだれ〉

- ねぎ（みじん切り）…1/2本分
- 豆板醤（トウバンジャン）…小さじ1
- 砂糖、酢…各小さじ1/2強
- しょうゆ…小さじ1/2

C
- ごま油…大さじ1
- **花椒**（つぶす）…小さじ1/2
- しょうが（みじん切り）…10g
- にんにく（みじん切り）…1/2かけ分

作り方

1 ボウルにAを入れてまぜ、Bを加えてまぜる。皮1枚の真ん中にあんを小さじ1のせ、水をふちに塗って対角線にたたみ、三角形にする。

2 たれを作る。フライパンにCを入れて弱火にかけ、香りが立ってきたらねぎと豆板醤を加え、ねぎがしんなりするまで炒める。砂糖、酢、しょうゆを加えて、まぜ、火を止める。

3 沸騰した湯に1を入れて2分ほどゆで、引き上げる。器に盛り付け、2適量をかけ、パクチーをのせる。

Spice

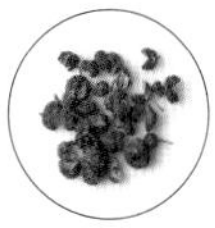

花椒（ホワジャオ）

たれにきかせた花椒がポイント。すりこぎがなければワインボトルの底などでつぶして。

トマトと牛肉のコクにスパイスを
たっぷりきかせた、香りのよいあったかめん

トマト牛肉めん

材料（2杯分）

牛もも肉（細切り）…200g

にら…1束

A
- トマトペースト…大さじ1/2
- **シナモンパウダー**…小さじ1/3
- **パプリカパウダー**…小さじ1/4
- 塩、レモン汁…各小さじ1/2

B
- オリーブオイル…大さじ1.5
- **キャラウェイシード**…小さじ1
- **クミンシード**…小さじ1/2

にんにく（みじん切り）…1かけ分

トマト缶…1/2缶

オイスターソース…大さじ1.5

うどん（冷凍）…2玉

いり白ごま…少々

作り方

1 ボウルに牛肉とAを入れてもみ、30分ほどおく。にらは4〜5cm長さに切る。

2 鍋にBを入れて弱火にかけ、香りが立ったらにんにくとトマトをつぶしながら加えて中火にし、くずしながら半量になるまで炒める。

3 マリネした牛肉と水2カップを加えて沸かし、アクが出たらとり除く。塩小さじ1/3（分量外）、オイスターソースを加えてひと煮立ちさせる。

4 うどんを袋の表示通りに温め、器に入れて、3を注ぎ、にらとごまをのせる。

Spice

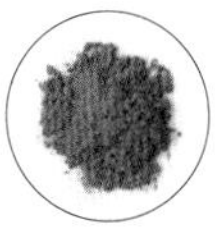

シナモンパウダー

甘い香りが濃いスープに意外にマッチ。

パプリカパウダー

肉の臭みを消して香りをプラス。

キャラウェイシード

爽やかな香りと甘みのある香辛料。

クミンシード

キャラウェイと合わせて香りがぐっと引き立つ。

モロッカンテーブル

彩りがきれいなモロッコのテーブル。
煮込み、タジン、スープは
どれもクスクスにうまみを吸わせると美味！

ハリラスープ
チキンと
ドライフルーツの煮込み

香りがよく、見た目にもきれいなサラダ。
モロッコいんげんで作っても

さやいんげんのサラダ

材料（4人分）

さやいんげん…7〜8本
紫玉ねぎ（みじん切り）…大さじ2
パクチー（みじん切り）…大さじ½
オリーブオイル…大さじ½
塩…ひとつまみ
粗びき黒こしょう…少々
レモン汁…小さじ1

作り方

1 さやいんげんは塩（分量外）を入れた湯でゆで、5㎝の長さに切る。
2 ボウルにすべての材料を入れてあえる。味をみて塩で調える。

Herb

パクチー
葉と茎のみじん切りを加えて。レモンとも好相性。

白身魚は季節のものや好みのものでOK。
いか、鶏肉などでもおいしい

白身魚と野菜のタジン

材料（4人分）

白身魚（切り身・すずきなど）…2切れ
ズッキーニ…½本
カリフラワー…½個
ミニトマト…5個
A
パクチー（みじん切り）…2株分
パセリの葉（みじん切り）…ひとつかみ
クミンパウダー、**パプリカパウダー**…各小さじ1
カイエンペッパー…小さじ⅛
塩…小さじ½
オリーブオイル…大さじ1
にんにく（すりおろし）…少々
レモン汁…小さじ2

作り方

1 白身魚は半分に切って塩（分量外）を全体に振り、15分おいてさっと洗ってキッチンペーパーで水気をふく。ボウルに入れてAをからめる。
2 ズッキーニは1㎝幅の輪切りに、カリフラワーは小房に分ける。ミニトマトは横半分に切る。
3 鍋にズッキーニとカリフラワーを入れ、塩ひとつまみ（分量外）を振り、魚とミニトマトをのせる。弱火で15〜20分蒸し煮にする。大きくまぜ、蓋をして火をとめ、5分蒸らす。

煮込み、タジン、スープのどれも、クスクスと合わせるとうまみを吸って、しみるおいしさ！

クスクス
ボウルにクスクス1カップ、レモンの皮少々、パセリの細い茎2〜3枝、ローリエ1枚、熱湯1カップを入れて皿やアルミホイルで蓋をして5分蒸らす。

Herb

パクチー
パクチーはたっぷり。茎や根まで入れるとしっかりとしたよい香りに。

パセリ
フレッシュのパセリもたっぷり。

Spice

カイエンペッパー
ほんの少量隠し味で加えると辛みとうまみが引き立つ。

本場モロッコでは、日本のみそ汁のような存在。
断食明けにも飲まれるやさしいスープ

ハリラスープ

材料（4人分）

牛肉…50g
玉ねぎ…1/2個（100g）
しょうが（みじん切り）…1かけ分
A
- **ターメリックパウダー**、**粗びき黒こしょう**…各小さじ1/4
- 塩…小さじ1/2

B
- **パクチー**（みじん切り）…1株分（根と茎も）
- **パセリ**、セロリ（みじん切り）…各大さじ1
- **シナモンスティック**…1/2本
- トマトピューレ…1/2カップ
- 水…500mℓ

ひよこ豆（水煮）…50g
C
- 小麦粉…大さじ1/2
- 水…1/4カップ

作り方

1 牛肉は小さく切る。玉ねぎはみじん切りにする。鍋を弱めの中火で熱し、しょうが、牛肉、玉ねぎを入れてさっと炒め、しょうがの香りが立ってきたらAを加えて炒める。Bを加えて沸騰したらアクをとり除く。
2 ひよこ豆を加えて豆がやわらかくなるまで蓋を少しずらして45分煮込む。まぜたCを加えて時々まぜながら10分ほど煮込む。
3 器に盛り、好みでパクチーのみじん切り、黒こしょう少々を振る。

Herb

パクチー
パセリとともにパクチーがきいた、ハーブの香りのトマト豆スープ。

ドライフルーツはあんず、プルーン、
レーズン、いちじくなど好みのものでOK

チキンとドライフルーツの煮込み

材料（4人分）

鶏もも肉…2枚
トマト…1個
じゃがいも…2個
玉ねぎ…1個
さやいんげん…6本
パプリカ（黄）…1/2個
ドライクランベリー…20g
レモン（輪切り）…1/2個分
A
- **クミンシード**…小さじ1/2
- **シナモンスティック**…1/2本
- しょうが（薄切り）…4枚

B
- にんにく（みじん切り）…1かけ分
- **クミンパウダー**、**コリアンダーパウダー**…各小さじ1/2
- **サフラン**（あれば）…ひとつまみ

塩…適量
オリーブオイル…大さじ1

作り方

1 鶏肉は余分な脂や筋をとり、水気をキッチンペーパーでふく。トマトは湯むきして細かく切る。じゃがいもは4つに切る。玉ねぎはくし形切りに、パプリカは乱切りにする。
2 オーブン可の鍋にオリーブオイル、Aを入れて弱火にかけ、香りが立ったら鶏肉を皮目から入れ、塩ひとつまみ（分量外）を振り、両面を香ばしく焼く。
3 玉ねぎを加えてさっと炒め、トマトを加えて木べらなどで鍋底のうまみをこそげとる。じゃがいも、いんげん、パプリカ、クランベリー、レモン、塩小さじ1とBを加えてまぜ、水100mℓを加えて蓋をし、180℃に予熱したオーブンで30分加熱する（直火の弱火で煮込んでもOK）。

Spice

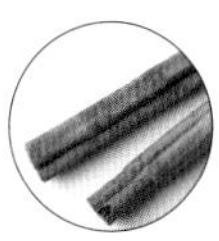

シナモンスティック
ドライフルーツやシナモンで肉をやわらかく、香りよく煮込む。

クミン
モロッコでもクミンはポピュラー。パウダーとシード、ダブルの香りがたまらない。

えびの卵カレー炒め
（プーパッポンカリー風）

刺身いかの
ヤムウンセン

ジャスミンライス

タイテーブル

アジア旅行気分を味わえる、タイ料理のコース。
日本でも手に入りやすいハーブで、
本場の味わいに。

ラープ

あさりのガパオ炒め

タイで食べられるかにのカレー炒めを、身近なえびで。
ふんわりやさしい卵がカレー粉をマイルドに

えびの卵カレー炒め（プーパッポンカリー風）

Spice

カレーパウダー

カレーの風味がほのかにするくらいの量が正解。

材料（4人分）

えび（殻付き）… 150g
玉ねぎ…1/6個
セロリ…10cm
万能ねぎ…3本
カレー粉…小さじ2

A
- 米油…大さじ2
- **赤唐辛子**（斜め薄切り）… 1本分
- にんにく（みじん切り）…大1かけ分
- 干しえび（みじん切り・あれば）… 2〜3個分

B
- オイスターソース…大さじ1
- しょうゆ、グラニュー糖…各小さじ2
- 水…1/2カップ

C
- 卵… 3個
- 牛乳…大さじ3
- ラー油…小さじ2

片栗粉、塩…各適量

作り方

1 えびは殻付きのまま背に切り込みを入れて背わたをとり、片栗粉と塩適量をからめて洗い、キッチンペーパーで水気をふく。玉ねぎは1〜2cm四方に、セロリは斜め薄切りにする。万能ねぎは4〜5cm長さに切る。

2 フライパンにAを入れて中火にかけ、香りが立ってきたらえびを入れて殻を両面焼きつけ、とり出す。玉ねぎ、セロリ、塩少々を加えてさっと炒め、カレー粉、えびの順に加えてそのつど炒める。

3 Bを加えてまぜ、水溶き片栗粉（片栗粉と水各小さじ1）を入れてとろみがつくまでまぜる。

4 溶きまぜたCを加えて卵にほどよく火が通ったら万能ねぎを加えてさっとまぜ、器に盛る。

ジャスミンライス

作りやすい分量

ジャスミンライス400mℓは軽くすすぎ、水400mℓとともに鍋に入れて強火で熱し、沸騰したら弱火で10分炊く。火を止めて10分蒸らす。

タイの春雨サラダ。「ヤム」はあえる、「ウンセン」は
春雨という意味。ボイルえびなどでも美味

刺身いかのヤムウンセン

材料（4人分）

いか（刺身用・冷凍でも可）… 100g
春雨（乾燥）… 30g
紫玉ねぎ（薄切り）…1/6個分
赤唐辛子（粗みじん切り）… 2本分
セロリ（薄切り）…1/2本分
パクチー（ざく切り）… 1〜2株分
にんじん（せん切り）…少々
万能ねぎ（小口切り）… 2〜3本分
〈たれ〉

A
- ナンプラー…大さじ1.5
- レモン汁…大さじ1
- 砂糖…小さじ2

作り方

1 いかは食べやすい大きさに切る。冷凍いかの場合は解凍してさっと湯通しする。春雨は5〜6分ゆでて洗い、水気をきる。

2 ボウルにAを入れてまぜ、すべての材料を入れてあえる。

肉を使ったタイの甘酸っぱいサラダ。
炊いたタイ米やもち米と一緒に食べる

ラープ

材料（4人分）

ジャスミンライス…1/2カップ
豚ひき肉…300g
紫玉ねぎ…1/3個（70g）
パクチー…2株
ミントの葉…ひとつかみ
万能ねぎ…5本
粗びき黒こしょう…少々
A
- ライム汁（レモン汁でも可）…大さじ4
- ナンプラー…大さじ2
- **粗びき粉唐辛子**…小さじ1.5
- グラニュー糖…小さじ1
- しょうが（すりおろし）…1かけ分
- にんにく（すりおろし）…少々

オリーブオイル…大さじ1/2

作り方

1 炒り米（カオクア）を作る。フライパンにジャスミンライスを入れて中火で香ばしくなるまで乾炒りする。冷ましてからフードプロセッサー、すり鉢などで砕く。保存容器などに入れ、しばらく使うことができる。
2 やや大きめのボウルにAを入れてまぜる。ひき肉の表面の水分をキッチンペーパーでふく。紫玉ねぎは横半分にして薄切りに、万能ねぎは小口切りにする。パクチーは下半分の茎と根はみじん切りに、上半分の葉がついている部分はざく切りにする。
3 フライパンを中火にかけ、オリーブオイルとひき肉を入れて広げ、触らずに焼く。焼き色がついたら返して、こしょうを振り、水大さじ2を加えて、フライパンについたうまみをこそげとり割りほぐす。肉汁が透明になってほぼ水分が飛ぶまでほぐしながら加熱する。
4 2のボウルに紫玉ねぎ、万能ねぎ、パクチーのざく切り、1の炒り米大さじ3を入れてまぜる。仕上げにミント、パクチーの茎と根を加えてまぜ、器に盛る。好みでミントを添えても。

Herb

パクチー
タイ料理では根まで使うことも多い。根はいちばん香りが強い。

Spice

粗びき粉唐辛子
粗びきの唐辛子。粉よりも辛みが穏やか。

タイの「ガパオ」とは、ホーリーバジルというハーブの名称。
あさり×バジルは、おなじみのガパオとまた違ったおいしさ！

あさりのガパオ炒め

材料（4人分）

あさり（砂抜きする）…500g
パプリカ（赤）…1/2個
バジルの葉…大20枚
A
- 玉ねぎ（みじん切り）…1/8個分
- にんにく（みじん切り）…1かけ分
- しょうが（せん切り）…1かけ分
- **赤唐辛子**（種をとり除く）…1本
- **パクチー**（茎のみじん切り）（あれば根も）…5cm分
- オリーブオイル…小さじ2

B
- オイスターソース…小さじ2
- ナンプラー…小さじ1
- 砂糖…小さじ1/2
- 酒…大さじ1
- 水…大さじ2

粗びき黒こしょう…少々

作り方

1 パプリカは1cm四方に切る。バジルはちぎる。
2 フライパンにAを入れて弱めの中火で炒め、香りが立ってきたら、あさりを加えてさっと炒める。Bを加えてまぜ、蓋をして強めの中火で3～4分加熱する（鍋のふちから蒸気が出てくるまで）。
3 あさりの口が開いてきたら蓋をはずして少し水分を飛ばし、火を止めてパプリカとバジル（仕上げ分を少し残す）を加えてまぜる。
4 器に盛ってバジルを散らし、こしょうを振る。

Herb

バジル
タイのホーリーバジルは手に入りにくいので、スイートバジルで。大きめの葉を選んで。

Part

5

放り込むだけ！

鍋と毎日スープ

手抜きできて満足感の高い鍋。鍋の素を使わず作れる、
簡単で温まる新着レシピです。マンネリになりがちなスープも、
ハーブとスパイスの力で初めて出会う一皿に。

教えてくれたのは
ツレヅレハナコさん

実はあまり辛すぎるのが得意でない私でも、
この卵黄だれをつけながら食べるのが好み。
辛さは好みで調節して。

中国の辛い鍋をおうちで！
まるでお店のような本格味

火鍋

材料（4人分）

ラム薄切り肉（ジンギスカン用）、豚バラ薄切り肉
…各200g
まいたけ…1パック
えのきだけ…1/2袋
にら…1/2束
もやし、れんこん、白菜…各適量
きくらげ（乾燥）…5g
花椒…小さじ1
赤唐辛子…2本
豆板醤（トウバンジャン）…大さじ2
豆豉（トウチ）…小さじ1
にんにく（みじん切り）、しょうが（みじん切り）
…各1かけ分
サラダ油…大さじ2

A
しょうゆ…大さじ3
紹興酒…大さじ2
鶏ガラスープの素…小さじ1
塩…小さじ1
ナツメ…4個
クコの実…大さじ1

B
オイスターソース、黒酢、練り白ごま
…各大さじ1
卵黄…1個分

パクチー（ざく切り）…適宜

作り方

1 まいたけ、根元を落としたえのきは食べやすくほぐす。にらは4cm長さに切る。れんこんは薄いいちょう切りにする。白菜は食べやすく切る。きくらげは水で戻す。花椒はポリ袋に入れてめん棒などでつぶす。赤唐辛子は種をとる。豆豉は粗く刻む。

2 鍋にサラダ油と花椒を入れて中火にかけ、赤唐辛子を加えて炒める。豆板醤を加えて1分ほど炒め、豆豉、しょうが、にんにくを加えてさらに炒める。水1ℓ、Aを加え、5分ほど煮る。

3 具材を器に盛り、適宜スープに入れて煮る。好みで、まぜたBのたれ、パクチーとともに食べる。

Spice

赤唐辛子、花椒（ホワジャオ）
ダイレクトな辛みがくる赤唐辛子としびれ系の花椒。好みで2種の辛みの量を調節して。

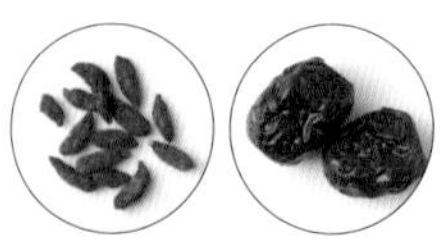

クコの実、ナツメ
辛みを引き立てる甘み。ナツメはやわらかくなったら食べてもおいしい。

教えてくれたのは

上田淳子さん

バジル以外のハーブでも。魚介のほかに、豚肉や鶏肉、ソーセージなどお肉を入れても。チーズなどのトッピングも◎。

魚介たっぷりのトマト味で、
ブイヤベースのような鍋

魚介のトマトバジル鍋

材料（4人分）

えび（殻付き）…大4尾
いか…1ぱい
甘塩たら（切り身）…2切れ
はまぐり…4個
ペコロス…8個
かぶ…2個
長いも…15cm
れんこん…細め20cm
トマト缶（カット）…1缶
にんにく（みじん切り）…1かけ分
オリーブオイル…大さじ2
ブイヨン（固形）…1個
バジル…適量

作り方

1 えびは、殻をむき背わたをとってボウルに入れる。片栗粉小さじ1（分量外）を入れもむようにまぜ、洗って水気をきる。いかはわたと軟骨を抜き、胴は皮をむいて食べやすく切る。足はしごきながら洗い、足先を切りとり食べやすく切る。たらは食べやすく切る。

2 ペコロスは、皮をむく。かぶは茎を少し残してくし形に切り、皮をむく。長いもは皮をむいて1cm厚さの半月切りに、れんこんも皮をむき同様に切る。

3 鍋ににんにくとオリーブオイルを入れて中火にかける。香りが立ってきたらトマト缶を加えひと煮立ちさせ、水1ℓ、ブイヨンを加えてペコロスを入れ、5分ほど煮る。その後残りの根菜を入れ5分ほど火が通るまで煮る。

4 仕上げに魚介を入れてさっと火を通し、ざく切りにしたバジルをのせる。

残ったスープにごはんを適量加えて煮、リゾット風に。器に入れてパルメザンチーズとこしょうをかける。ゆでたショートパスタなどもおいしい。

レモングラスは茎の部分が売っていればぜひ。
手に入りやすい葉の部分でも
おいしくできます。

ベトナム風のなべ。
海鮮や肉など好みのものを入れて

レモングラス鍋

材料（2〜3人分）

生たら（切り身）… 2切れ（1切れを半分に切る）
あさり（砂抜きする）、ほたて … 各適量
春雨（乾燥）… 適量
豚肉（しゃぶしゃぶ用）… 300g
トマト … 1個
エリンギ … 2本
もやし … 1袋
レタス … ½個
レモングラスの葉（なければドライ）… 10g
米油 … 適量

A
- むきえび（たたく）… 150g
- 酒 … 小さじ1.5
- 塩 … 小さじ¼
- 片栗粉 … 大さじ1
- しょうが（すりおろし）… 小さじ1

B
- しょうが（みじん切り）… 1かけ分
- 干しえび（みじん切り）… 大さじ½
- **パクチー**（根のみじん切り）… 1株分

C
- 水 … 900mℓ
- 酒 … 大さじ2
- 塩 … 小さじ½

パクチー（粗みじん切り）… 適量

D
- ナンプラー、砂糖、レモン汁 … 各大さじ2
- **赤唐辛子（輪切り）**… 1〜2本分

作り方

1 レモングラスは、あればたこ糸などで束ねる。Aはボウルに入れてまぜ、えびだんごを作る。

2 トマトはくし形切りに、エリンギは縦に薄切りにする。鍋に米油を熱してBを炒め、レモングラスとCを加えて煮立てる。好きな具を入れて、まぜたDのたれにつけて食べる。レモンやミント、バジルなどをたれに入れながら食べても。

Herb

レモングラス

最近ではスーパーでも少量ずつパックで売っているところも。茎の部分が手に入ればさらにgood!　どちらもなければドライを使って。

クックパッドから選んだ鍋3選

チーズプデチゲ鍋
ID：5207786 byおでのおでん☆

韓国の鍋の定番。野菜に、ウインナーやスパム、
インスタントラーメンが入っているのが特徴！

チーズプデチゲ

材料（作りやすい分量）

粗びきウインナー…2本
ランチョンミート（5㎜スライス）…4枚
にんじん…⅓本
えのきだけ…½袋
ねぎ…⅔本
玉ねぎ…⅓個
トッポギ餅…2個
水菜…½袋

A
- 水…500㎖
- 韓国だしの素（いりこ）、韓国だしの素（牛）、昆布だし（顆粒）、鶏がらスープ（顆粒）…各小さじ½
- しょうゆ…大さじ1
- コチュジャン…小さじ2
- 麦みそ（またはみそでも可）、砂糖…各小さじ1
- 酒…大さじ2
- **韓国唐辛子（甘口細目）**…大さじ1
- にんにく（すりおろし）…1かけ分

キムチ…100g
ピザ用チーズ…好みの量
袋ラーメンのめん…1個

作り方

1 にんじんは短冊切りに、えのきは根元を切ってほぐす。ねぎは斜め切りに、玉ねぎは薄切りに、水菜はざく切りにする。

2 鍋にAを合わせ加熱する。具材を入れて煮る。火が通ってきたらめんを入れ、チーズとキムチを入れる。

※だしは牛だしだけでもOK。

Spice

粉唐辛子（甘口細目）

韓国料理で使う唐辛子は辛みがおだやか。細かいものから粗切りまでいろいろ。

トリュフオイルがあればぜひ入れて。〆はリゾットもよいですがショートパスタでも

豆乳カマンベールチーズ鍋

材料（2人分）

カマンベールチーズ…6切れ
キャベツ…1/2個
ねぎ…1.5本
しめじ…好みの量
鶏もも肉（またはベーコン）…好みの量
ミニトマト…8〜10個
A
- **粗びき黒こしょう**…たっぷり
- バター…大さじ1
- コンソメ顆粒…大さじ1弱
- **ガーリックパウダー**…小さじ1
- **オレガノ（ドライ）**…少々
- **バジル（ドライ）**…少々
- 無調整豆乳…鍋の8分目あたりまで

トリュフオイル（あれば）…少々
カマンベールチーズ（リゾット用）…3〜4切れ
ごはん（リゾット用）…茶碗1杯分

作り方

1 キャベツ、ねぎは食べやすく切る。

2 ごはん以外の具材を鍋に入れ、Aとトリュフオイルを入れて弱火で、豆乳が焦げないよう加熱する。加熱しながら食べる。

3 スープを半分くらいまで残しておき、リゾット用のカマンベールチーズとごはんを入れて弱火のまま根気よくまぜる。蓋をせずに煮詰めるのがポイント。

Spice

粗びき黒こしょう

カマンベールチーズには黒こしょうがぴったり。好みで仕上げにもたっぷりどうぞ。

Herb

オレガノ（ドライ）

ハーブも合うので、オレガノのほかにも好みのものを加えてみても。

ルウ不使用！　ターメリック入りで体が喜ぶスパイス鍋。牛乳を足せば子どもも食べられる

トマトカレー鍋

材料（3〜4人分）

好みの具（肉類、ウインナー、野菜、ゆでたパスタなど）…各適量

A
- トマト缶（カット）…1缶
- 水…4カップ
- チキンスープの素（固形）…1個
- 白ワイン（酒でも）…大さじ4
- しょうゆ、砂糖、トマトケチャップ、粉チーズ…各大さじ1
- **ターメリック、カレーパウダー**…各小さじ1
- にんにく（つぶすかすりおろす）…大1個分
- オリーブオイル…小さじ1

※辛さをマイルドにしたいなら牛乳を大さじ1〜プラスして。

ピザ用チーズ…適量

塩…適量

作り方

1 鍋にAを入れ、煮立たせ、具材を加える。スープは味をみて塩などで調節する。

2 具材に火が通ったらチーズをかける。

※子ども用には牛乳やチーズを加えるとマイルド感がプラスできる。継ぎ足し用にチキンスープとトマトケチャップを用意しておくと◎。

Spice

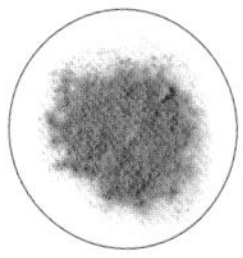

ターメリック、カレーパウダー

ルウを使わずスパイスのみで作るから、ヘルシーで素材本来のおいしさがしみる味に。

クックパッドから よりすぐり毎日スープ

サーモンスープ
ID:540771　by 適当料理家

フィンランド名物の
サーモンスープ。イクラものせて、
親子丼ならぬ、親子スープ

フィンランド風
サーモンスープ

材料（4人分）

サーモン（切り身）… 3切れ
イクラ…適量
じゃがいも…中2個
コンソメ（顆粒）…適量
牛乳… 200mℓ
バター…適量
ディル…適量

作り方

1 サーモンはひと口大に切る。じゃがいもは皮をむき、小さめのひと口大に切る。

2 フライパンにバターを熱してサーモンを炒め、表面に軽く焼き色をつける。サーモンを崩さないように注意。じゃがいもを入れて一緒に炒める。

3 水1ℓとコンソメを入れて煮る。塩、こしょう（分量外）で味を調え、じゃがいもに火が通ったら牛乳を加える。様子をみながら牛乳と水の量は好みで調整して。

4 器に盛り、イクラをのせて刻んだディルを散らす。

Herb

ディル

サーモンとディルは相性抜群！ カルパッチョなどでも王道のコンビです。

野菜がたっぷりとれるスープ。
冷蔵庫にある材料で作って

トマト、キャベツ、玉ねぎのミネストローネ

材料（1人分）

キャベツ…約2枚
トマト缶…100g
玉ねぎ…1/4個
ハム…適量
コンソメ（固形）…1個
塩、**こしょう**…各少々
A［**オレガノ**、**マジョラム**、**ローズマリー**、**タイム**、**パセリ（すべてドライ）**…各少々

作り方

1 キャベツ、玉ねぎ、ハムは細かく切る。
2 フライパンを熱し、キャベツ、玉ねぎ、ハムを炒める。
3 火が通ったら、コンソメ、水100mℓ、塩、こしょうを入れて煮込む。
4 トマトを入れ、Aを入れてしばらく煮込み、好みの塩加減にする。

Herb

オレガノ、マジョラム、ローズマリー、タイム、パセリ
ハーブはあるもの、好みのものでOK。

トマトとキャベツと玉葱のミネストローネ
ID：698805 by rosenkranz

スパイス好きにはたまらない。じゃがいもは厚いと火の通りが悪いので、切るときは少し薄めに

スパイスミルクスープ

材料（3～4人分）

じゃがいも…2個
ベーコン…2枚
玉ねぎ…1/4個
コンソメ（固形）…1/2個
バター…10g
牛乳…250～300mℓ
オレガノ（ドライ）、**セージ（ドライ）**、**タイム（ドライ）**…各小さじ1/2
クローブ（パウダー）…2振り
塩…小さじ1/2
こしょう…適宜

Herb

オレガノ（ドライ）、**セージ**（ドライ）、**タイム**（ドライ）、**クローブ**（パウダー）
ドライハーブとスパイスは、すべて揃わなかったら好みのもので。

作り方

1 じゃがいもは洗って皮をむき、縦半分に切ってひと口大の厚さに切る。ベーコンは1cm幅、玉ねぎは薄切りにする。
2 鍋にバターをとかし、玉ねぎを炒める。少し透き通ってきたらベーコン、じゃがいもを入れ、脂がまわったら水200mℓとコンソメを入れ、具材がやわらかくなるまで煮る。
3 火が通ったら牛乳とハーブ、スパイスを入れ、塩、こしょうで味を調える。

スパイス　ミルクスープ
ID：6909651 by ☆ダイゴクン☆

ニンジンのスパイシースープ
ID:2100867 by太田アキオ

コリアンダー、クミンをきかせた、
にんじんたっぷり2本を使うスープ

にんじんのスパイスポタージュ

材料（2人分）

にんじん…中2本
牛乳…300mℓ
ブイヨン（固形）…1個
A
- 塩…少々
- **コリアンダーパウダー**…小さじ1/3
- **パプリカパウダー**…少々
- **クミンパウダー**…少々
- **こしょう**…少々

作り方

1 にんじんは皮をむいて乱切りにし、水適量で20分煮る。
2 やわらかくなったらザルにあげて水100mℓとともにミキサーにかける。
3 鍋に入れて牛乳を加える。湯で溶かしたブイヨン、Aを加えてまぜ、味をみて塩（分量外）で調味する。器に盛り、好みでドライパセリを振る。

Spice

コリアンダーパウダー、パプリカパウダー、クミンパウダー

クミン、コリアンダーがにんじんの味をマイルドにしてコクをプラス。

材料は3つ☆5分でできるミントスープ
ID:6706709 by Cocco☆ちゃん

中東では日常的にハーブを使う。
ミントの香りで清涼感のある中東のスープ

材料3つ！
5分でできるミントスープ

材料（作りやすい分量）

グリーンピース（冷凍）…約250mℓ
ミント…約250mℓ
ブイヨン（固形）…1個

作り方

1 小鍋にグリーンピース、ブイヨン、水250mℓを入れてひと煮立ちさせる。
2 粗熱がとれたらミントとともにミキサーに入れて撹拌する。
3 小鍋に戻してひと煮立ちさせる。

Herb

ミント

中東ではミントティーが日常的に飲まれるなど、ミントは身近。

ローズマリーの香りのする野菜たっぷりのクリアスープ。
洋風の献立にぴったり

ローズマリーのハーブスープ

材料（2人分）

ウインナー…1本
玉ねぎ…½個
キャベツ…2枚
にんじん…5cm
ブロッコリー…適量
オリーブオイル…小さじ2
にんにく（みじん切り）…1かけ分
コンソメ（顆粒）…大さじ1
塩、**こしょう**…各適量
ローズマリー…1〜2枚

作り方

1 好みの具材を用意して適当な大きさに切る。
2 鍋にオリーブオイルを熱してにんにくを炒め、香りが立ってきたら具材を炒める。全体に油がまわったら水500mℓを注ぎコンソメを入れ沸騰させる。火を弱め、ローズマリーを入れ野菜がやわらかくなるまで煮る。煮えたらローズマリーはとり出し、塩、こしょうで味を調える。

Herb

ローズマリー

入れすぎると香りが強くなるので1〜2本を途中から入れ、香りが移ったらとり出す。

ローズマリーのハーブスープ
ID：2235317　byむぎタロウ

チャイ風かぼちゃスープ
ID：6911475　by khomiya

チャイにヒントを得たスープ。スパイスを調整すれば
子どもも喜ぶ味に。冷やしても美味

チャイ風かぼちゃスープ

材料（3人分〜）

玉ねぎ…小1個
かぼちゃ…½個
オリーブオイル…適量
塩…小さじ1
コンソメ（固形）…2〜3個
牛乳…適量
シナモンパウダー…2振り
カルダモンパウダー…2振り
こしょう…2振り

Spice

シナモンパウダー、カルダモンパウダー

シナモン、カルダモンは体を温める効果や消化を助ける効果があるという。

作り方

1 玉ねぎは薄切りに、かぼちゃは皮をむかず2cm角に切る。
2 鍋にオリーブオイルを熱して玉ねぎを炒め、しんなりしたらかぼちゃを入れて炒め、塩を入れる。コンソメを入れ、ひたひたくらいの水を入れてしばらく煮る。アクが出てきたらすくってとりながら、野菜がやわらかくなるまで煮込む。
3 火を止めて、ブレンダーなどでなめらかになるまで撹拌する。牛乳を入れてまぜ、味をみて塩で加減する。シナモン、カルダモン、こしょうを入れ、火にかけて温める。器に盛り、好みでこしょうを振る。

辛さがクセになるおいしさ。
あさりの砂抜きさえすれば約10分で完成の豆腐チゲ

うま辛スンドゥブチゲ

材料（1人分）

おぼろ豆腐（または絹ごし豆腐）…200g
豚バラ肉…50g
あさり…5〜10個（好みで）
ねぎ…½本
白菜キムチ…50g
A
- 韓国粉唐辛子…大さじ1〜2
- コチュジャン…大さじ1
- にんにく（すりおろし）、しょうが（すりおろし）…各1かけ分
- ごま油…大さじ1

B
- 水…300㎖
- 韓国だしの素（牛・鶏ガラスープの素でも）…小さじ1

塩…少々
卵…1個

うま辛韓国料理☆スンドゥブチゲ
ID：1296127　by みーこぶーこ

作り方

1 あさりの砂抜きをしておく。豚肉は4〜5cm幅に食べやすく切る。キムチはざく切りに、ねぎは斜め切りにする。

2 1人用の鍋にAを入れ弱火で炒め、香りと辛味を出す。強火だとすぐに焦げ、風味が損なわれるので要注意。

3 豚肉とキムチを加えさらに炒め、あさりとBを入れて強火にして煮込み、塩で調味する（みそで調味しても）。再び弱火にし、豆腐をスプーンで大きめにすくって静かに入れる。

4 ねぎも加え、火を強めて煮立てる。仕上げにごま油（分量外）をまわしかけ、好みで卵を割り入れる。

Spice

韓国粉唐辛子
量はお好みで。大さじ2で作ると、かなり辛め好みの味。韓国粉唐辛子は日本のものより辛味がまろやかで風味豊か。

寒い日に体が温まるスープです

ハーブとスパイスの野菜レンズ豆スープ

ハーブとスパイスの野菜レンズ豆スープ
ID:5465332 by SophiaCoo

材料（4人分）

にんじん…100g
玉ねぎ…2個
干ししいたけ…40g
ガーリックソルト…少々
トマトペースト…大さじ1
レンズ豆缶…1缶
野菜のブイヨン…適量
干ししいたけの戻し汁＋水
…1200mℓ
しょうが（すりおろし）
…大さじ1
塩、**こしょう**…各少々
ブーケ・ガルニ…1パック
カレーパウダー…小さじ1/4
イタリアンパセリ…適量
エルブ・ド・プロヴァンス
…小さじ1
オリーブオイル…大さじ2

作り方

1 干ししいたけは1ℓの水で前日から戻し、さいころに切る。にんじんもさいころに切る。
2 鍋にオリーブオイルを熱し、玉ねぎを軽くキャラメル色になるまで20分ほど炒める。火を弱くして、しょうが、干ししいたけを入れて5分炒め、ガーリックソルトで味つけする。
3 にんじん、干ししいたけの戻し汁、ブーケ・ガルニ、トマトペースト、カレーパウダー、野菜のブイヨンを入れて、沸騰したらレンズ豆を加える。弱火にしてにんじんがやわらかくなるまで煮る。
4 塩、こしょう、エルブ・ド・プロヴァンスを加え、器に入れて、ちぎったイタリアンパセリを散らす。最後に好みでバルサミコ酢少々をかけても。

Herb

ブーケ・ガルニ
布パックに入って売られている、ドライハーブのミックス。

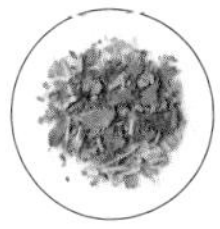

エルブ・ド・プロヴァンス
スーパーなどでも売られている、ドライハーブのミックス。

スパイス、野菜、豚肉のうまみ、ごま油の風味などが相まって減塩効果大のスープ

ピリ辛！中華風春雨スープ

材料（2人分）

豚肉（肩切り落としなど）…約50g
白菜（外側寄りの大きめの葉）
…2〜3枚
大根…約6cm
にんじん…約1/2本
にんにく…2かけ
赤唐辛子…2本（好みで調整）
春雨（乾燥）…30〜40g
中華風だしの素（顆粒または
ペースト）…大さじ1/2
クミンパウダー…小さじ1〜2
白こしょう…少し多めの適量
ごま油…少々
いり白ごま…4〜5つまみ
万能ねぎ（小口切り）…好みで適量

作り方

1 豚肉は食べやすく切る。白菜は芯は短冊切りにして葉はざく切りにする。大根とにんじんは皮ごと短冊切りにする。にんにくはみじん切りにする。赤唐辛子は小口切りにして種ごと使う。
2 鍋に水約4カップ、白菜の芯、大根、にんじん、にんにくを入れて、アクをとりながら煮る。
3 スープが透明になって野菜がやわらかくなったら白菜の葉、赤唐辛子、豚肉、春雨を入れてアクをとりながら煮る。水分が少なくなったらそのつど足す。
4 豚肉に火が通り、白菜の葉や春雨がやわらかくなったら、中華風だしの素、クミン、こしょうを入れて味を調えて数分煮る。白ごまを手で擦りながら加え、ひと煮立ちさせたら火を止め、ごま油をまわしかける。
5 器に盛り、好みで食べるときに万能ねぎを振る。

Spice

ホワイトペッパー、クミンパウダー
ホワイトペッパー、クミンは慣れるとやみつきのに。量は好みで加減して。

※野菜の総量やだしの種類に合わせて、好みで調味料やスパイス、水の量は加減、調整して。

スパイスde減塩ピリ辛！中華風春雨スープ
ID:5956569 by ＊nob＊

クックパッドから厳選！

ハーブ＆スパイスの大人スイーツ

スパイスシフォンケーキ
ID：6870894　byみみなきみ

紅茶香る、スパイスがきいた大人のシフォンケーキ

スパイスアールグレイシフォンケーキ

材料（直径18cmのシフォン型1台分）

〈メレンゲ〉
卵白…5個分
グラニュー糖…70g

〈卵黄生地〉
卵黄…3個分
グラニュー糖…15g
米油…大さじ3½
牛乳…大さじ4½

A
- 薄力粉…90g
- **カルダモンパウダー、ジンジャーパウダー**…各2g
- **シナモンパウダー**…3g

アールグレイの茶葉…4g（ティーバッグ2袋分）

作り方

1 使う道具に水分や油分がついていると失敗のもとなので今一度確かめる。卵白は使う15分前にボウルに割り入れ、ボウルごと冷凍庫に入れる。少し表面が凍っているくらいが◎。Aは2回ふるっておく。オーブンは170℃に予熱しておく。

2 油と牛乳を合わせて、湯煎にかけて人肌に温める。その中に紅茶のティーバッグの中身をあけて茶葉を入れ、まぜる。

3 メレンゲを作る。しっかり冷やした卵白をハンドミキサーの高速で全体が白くなるまで撹拌する。白くなったらグラニュー糖を3回に分けてそのつど撹拌する。一気にグラニュー糖を加えると泡立ちが悪くなり、若干粘りが出るので注意。

4 ボウルを逆さまにしても落ちてこないくらいのかたさのメレンゲになったらいったん冷蔵庫に入れておく。

5 別のボウルに卵黄とグラニュー糖を加えて**3**で使用したハンドミキサー（メレンゲがついていてもOK）で白っぽくなるまで低速で撹拌する。

6 **5**に、**2**を加えて泡立て器でまぜる。

7 ふるったAを一気に加えて泡立て器で粉っぽさがなくなるまでよくまぜる。

8 **4**のメレンゲを冷蔵庫から出し、⅓量すくって**7**にまぜる。泡がつぶれてもいいので泡立て器でしっかり卵黄生地とメレンゲを合わせる。残りのメレンゲが入っているボウルに卵黄生地をすべて加えてゴムべらで切るようにまぜていく。メレンゲの白っぽさが消えたら型に流し入れる。

9 底を2回トントンと打ちつけて竹串で生地の中心をぐるぐると2周まわす。170℃に予熱していたオーブンを160℃に下げて35分前後焼成する。途中で焦げ目が気になったら上からアルミホイルをかぶせる。それ以外はオーブンを絶対開けないこと。

10 一度大きく膨らみ、少ししぼんできた頃が焼き上がった目安。初めて焼くときは注意深くオーブンを見ておく。

11 焼き終わったら型ごと逆さまにして冷やす。冷えたらはずし、シフォンナイフ、スパチュラなどやりやすい方法で型からはずす。

Point

シフォン生地は焼くと大きく膨らんで、冷める間に落ち着く。

Spice

カルダモンパウダー

ふわふわの生地にパウダースパイスをまぜ込んで大人の味に。

かみしめるほどに味わい深い、チーズとハーブと岩塩のコラボ。フープロで簡単〜♪

チーズ、ハーブ、岩塩のクッキー

材料（25本分）

A
- 薄力粉、強力粉…各60g
- 粉チーズ…30g
- ベーキングパウダー…小さじ1/2
- **ナツメグ**…小さじ1/4

バター（有塩）…30g
卵…1個
タイムの葉（粗みじん切り）…小さじ2
キャラウェイシード
（または**アニスシード**）…小さじ1/2
岩塩…適量

※作っておいて、食べる前にオーブントースターで軽くあぶるとチーズの香りが立って、サクサク焼きたておつまみの完成です♪

作り方

1 バターは1cm角に切り、冷蔵庫で冷やしておく。Aを合わせてふるっておく。

2 フードプロセッサーにAとバターを入れ、そぼろ状にする。アニスシードを使用する場合はこの段階で一緒に入れて砕く。

3 ボウルに卵を割りほぐし、2とタイム、キャラウェイを加えてゴムべらでまぜる。まとまりにくい場合は牛乳大さじ1（分量外）を加える。

4 まとまったらボウルの中で数回折りたたむようにこねる。ポリ袋に入れ、上からめん棒で25×15cmにのばす。1×15cmの短冊25本に切り分け、ひねってクッキングシートを敷いた天板に並べる。岩塩を振り、180℃のオーブンで20〜25分焼く。

Spice

キャラウェイシード

甘く独特のすっとした香りが、かんだときに口の中で弾ける。

とろりと温かいりんごに、冷たいアイスがとろ～♡　冷やしてもおいしい

シナモン香る！ 丸ごと焼きりんご

材料（2人分）

りんご…2個
シナモンスティック…2本
A ┌ バター、グラニュー糖…各大さじ4
　└ レモン汁…小さじ1
〈トッピング〉（お好みで）
バニラアイス…適量
好みのハーブ…少々

作り方

1 りんごの表面に浅く切り込みを入れ、芯をきれいに抜きとる。

2 Aのバターをクリーム状に練り、残りのAを加えてさらに練りまぜる。オーブンを200℃に予熱する。

3 1を耐熱容器にのせ、くり抜いた穴に2を詰め、シナモンスティックを刺す。オーブンに入れ、温度を180℃に下げて、40～45分かけてじっくり焼き上げる。

4 熱々のうちにアイスを添えたり、冷たく冷やして食べる。

※りんごの表面に切り込みを入れると、破裂するのを防げます。好みで、2のときにブランデーやラム酒を少量加えると芳香な香りに仕上がり、おすすめ。

Spice

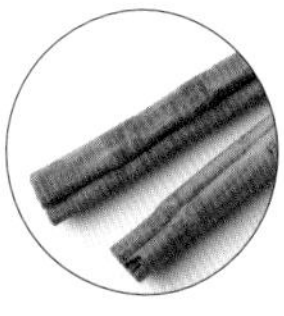

シナモンスティック

香りのよさや味わいはもちろん、見た目にもかわいらしいりんごに。

ウォームなスパイスのきいた、ラム酒たっぷりの大人のチーズケーキ

スパイシーラム・チーズケーキ

材料（直径15㎝のラウンド型1台分）

〈クラスト〉

グラハムクラッカー… 100g

バター（食塩不使用）… 50g

グラニュー糖… 25g

シナモンパウダー…小さじ1

塩…ひとつまみ

〈フィリング〉

クリームチーズ… 200g

グラニュー糖… 70g

ブラウンシュガー… 25g

卵… 1個

バニラエッセンス…小さじ1

ラム酒…大さじ2（30㎖）

生クリーム…大さじ4（60㎖）

A
- 薄力粉… 15g
- **シナモンパウダー**…小さじ½
- **ナツメグ**…小さじ¼
- 塩…ひとつまみ

作り方

1 クリームチーズは室温に戻す。型にクッキングシートを敷く。ボウルにAを入れてまぜ合わせる。オーブンを150℃に予熱する。

2 グラハムクラッカーをフードプロセッサーなどで細かくし、グラニュー糖、シナモン、塩をまぜる。とかしたバターを加えてまぜ、型の底に敷き詰める。

3 クリームチーズをボウルに入れて泡立て器でクリーム状にまぜ、グラニュー糖とブラウンシュガーを加えてさらにまぜる。卵を加えてよくまぜる。ラム酒、生クリーム、バニラエッセンスを加えてダマのないようにまぜる。Aを加えて粉気がなくなるまでまぜ、**2**の型に流し入れる。

4 型をアルミホイルで覆い、まわりに熱湯を注いで湯煎にし、オーブンに入れて60〜75分焼成する。オーブンの扉を少し開けてゆっくりと冷まし、粗熱がとれたら冷蔵庫で一晩冷やす。

※中央がほんのり固まったぐらいが焼き上がりの目安。表面に焦げ目がついたらオーブンの温度が高すぎか、焼きすぎなので注意。

Spice

シナモンパウダー

クッキー生地にもフィリングにもシナモンを加えたスパイシーなチーズケーキ。

Point

湯煎の湯が生地に入らないよう、アルミホイルで外側を覆うとよい。

アメリカ発☆スパイシーラム・チーズケーキ
ID：6531686　byフロリダ・キッチン

ハーブ＆スパイスで ひとやすみドリンク

こだわりスパイスの本格チャイティー
ID：6093147　by かずきめん

はちみつレモン＆ハーブ☆ドリンク
ID：3930669　by 草原うさぎ

自家製★クラフトコーラ
ID:6792638　by 140cm わんたるママ

スパイスでしっかり香りをつけた本格チャイ。ホットでもアイスでも◎

こだわりスパイスの本格チャイティー

材料（4人分）

カルダモン（ホール）…4粒
クローブ（ホール）…3粒
シナモンスティック…5cm
しょうが（薄切り）…4枚
紅茶の葉（アッサムがおすすめ）
…大さじ2
砂糖…適量
牛乳…400mℓ

作り方

1. カルダモンは中の種を出す（皮も使う）。水200mℓを小鍋に入れ、カルダモン、クローブ、シナモンを加え、沸騰して水が茶色くなるまで加熱する。茶葉を加え、1〜2分煮出す。
2. 牛乳を加え、かきまぜながら1分加熱する。砂糖を好みの量加える。
3. 茶こしを使ってカップに注ぐ。

※茶葉はティーバッグの中身を使ってもOK。

Spice

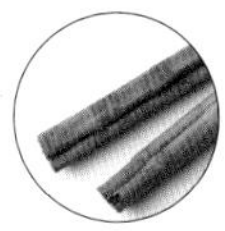

シナモンスティック
シナモンはセイロンシナモンとカシアシナモンがありますが、セイロンがおすすめ。

クローブ
クローブは入れすぎ注意。

疲れや風邪気味のときもおすすめ。ソーダや牛乳などお好みで割って

はちみつレモン＆ハーブ☆ドリンク

材料（作りやすい分量）

有機レモン…1個
はちみつ…100g〜
タイム…約10cm

Herb

タイム
咳を鎮め、抗菌、抗ウイルス作用があるとも言われる。ハーブはローズマリーなどでも。

作り方

1. 容器にスライスしたレモンとはちみつを交互に入れて重ね、間にタイムを入れる。冷蔵庫で漬け、1日後から飲める。
2. グラスにレモンとシロップを各適量（ともに分量外）入れ、ソーダ、水、お湯など好みのもので割る。牛乳で割ればラッシー風に♡

※はちみつレモンの保存は冷蔵庫で1週間。
※レモンは粗塩でこすり洗いしたあと、水気をふいてから使う。

材料を火にかけるだけ！　簡単でスパイスの香りがいい手作りのクラフトコーラです。炭酸や水などお好みのもので割って楽しめます♪

自家製★クラフトコーラ

材料（作りやすい分量）

黒砂糖…200g
カルダモン（ホール）…2g
クローブ（ホール）…2g
シナモンスティック…2本
バニラビーンズ…½本
レモン…½個

作り方

1. レモンは薄い輪切りにし、カルダモンはキッチンばさみで割っておく。
2. 鍋にすべての材料を入れて中火にかけ、沸騰したら弱火にし、5分ほど煮立たせる。
3. 火を止めて粗熱をとる。保存容器に入れて冷蔵庫で保管する。好みで炭酸や水、牛乳で割って飲む。

Spice

カルダモン（ホール）、**クローブ**（ホール）、**シナモンスティック**
コーラのピリッとした香りをスパイスで作り出す。

Herb & Spice別 INDEX

フレッシュハーブ

イタリアンパセリ
ひよこ豆のフムス 78
ハーブとスパイスの野菜レンズ豆スープ 117

タイム
えびとじゃがいものハーブアヒージョ 25
鶏肉のカチャトーラ 28
チーズ、ハーブ、岩塩のクッキー 120
はちみつレモン&ハーブ☆ドリンク 124

ディル
ディルのきいたアクアパッツァ 22
サーモンのソテー ディルヨーグルトソース 24
牛肉のフォー 52
餃子の皮ペリメニ 69
たたききゅうりの花椒ディルあえ 88
フィンランド風 サーモンスープ 112

パクチー
豚しゃぶと春雨のエスニックまぜサラダ 30
えびとパクチーの水餃子 34
ラムのクミン炒め 36
炊飯器カオマンガイ 42
ルーロー飯 47
フライパンパエリア 48
バインミー 50
クンオップウンセン 57
ちょいフレンチなキャロットラペ生春巻き 73
えびトースト 74
サルサ&チップス 78
パクチー入りのワカモレ 80
皿ワンタン 89
さやいんげんのサラダ 94
白身魚と野菜のタジン 94
ハリラスープ 95
刺身いかのヤムウンセン 98
ラープ 99
あさりのガパオ炒め 99
レモングラス鍋 106

バジル
バジルのきいたミートボールのトマト煮 20
ガパオライス 46
牛肉のフォー 52
ちょいフレンチなキャロットラペ生春巻き 73
万能ハーブチーズ 73
ひき肉となすのバジル炒め 76
バジルのえび春巻き 85
なすのバジルみそチー田楽 85
あさりのガパオ炒め 99
魚介のトマトバジル鍋 104

パセリ
ひとくちアランチーニ 68
ポップコーンシュリンプ 71
パセリ大量消費! ポテトサラダ 84
白身魚と野菜のタジン 94
ハリラスープ 95

ミント
ラクサ 54
大根のソムタム風 68
ちょいフレンチなキャロットラペ生春巻き 73
ミント風味のツナ入りライスサラダ タブレ風 81
ラープ 99
材料3つ! 5分でできるミントスープ 114

レモングラス
レモングラス鍋 106

ローズマリー
ローズマリー風味の フィッシュアンドチップス 27
じゃがいもとハムのガレット 68
万能ハーブチーズ 73
にんじんのハーブスパイスピクルス 79
ローズマリーのハーブスープ 115

ドライハーブ

エルブ・ド・プロヴァンス
ハーブとスパイスの野菜レンズ豆スープ 117

オレガノ
オリーブのおつまみ☆ バルサミコハーブあえ 71
サクサクジューシーな 鶏肉の香草パン粉焼き 84
豆乳カマンベールチーズ鍋 110
トマト、キャベツ、 玉ねぎのミネストローネ 113
スパイスミルクスープ 113

クローブ
スパイスミルクスープ 113

セージ
スパイスミルクスープ 113

タイム
トマト、キャベツ、玉ねぎのミネストローネ 113

バジル
豆乳カマンベールチーズ鍋 110

パセリ
サクサクジューシーな 鶏肉の香草パン粉焼き 84
トマト、キャベツ、玉ねぎのミネストローネ 113

ブーケ・ガルニ
ハーブとスパイスの野菜レンズ豆スープ 117

マジョラム
トマト、キャベツ、玉ねぎのミネストローネ 113

ローズマリー
かぼちゃとクリームチーズのキッシュ 72
トマト、キャベツ、玉ねぎのミネストローネ 113

ローリエ
えびとじゃがいものハーブアヒージョ 25
鶏肉のカチャトーラ 28
簡単ビリヤニ 44
ターメリックライス 58
にんじんのハーブスパイスピクルス 79

スパイス

赤唐辛子
えびとじゃがいものハーブアヒージョ 25
炊飯器カオマンガイ 42
ガパオライス 46
牛肉のフォー 52
大根のソムタム風 68
ひき肉となすのバジル炒め 76
にんじんのハーブスパイスピクルス 79
枝豆のスパイス炒め 83
あさりのガパオ炒め 99
火鍋 102
ピリ辛! 中華風春雨スープ 117

粗びき粉唐辛子
ラープ 99

一味唐辛子・粉唐辛子
豚しゃぶと春雨のエスニックまぜサラダ 30
ビビンパ 49
刺身のユッケ 81
チーズプデチゲ 108
うま辛スンドゥブチゲ 116

糸唐辛子
韓国じゃじゃめん 56

五香粉（ウーシャンフェン）
ぶりの照り焼き五香粉風味 32
ルーロー飯 47
台湾茶葉煮卵 76
台湾唐揚げ 88

オールスパイス
食パンピロシキ 50
餃子の皮ペリメニ 69

バッファローウィング …… 72
サルサ＆チップス …… 78

ガーリックパウダー
ポップコーンシュリンプ …… 71
バッファローウィング …… 72
豆乳カマンベールチーズ鍋 …… 110

カイエンペッパー
簡単ビリヤニ …… 44
ポークビンダルー …… 58
本格スパイスチキンカリー …… 62
簡単バターチキンカレー …… 63
なすたっぷり！本格スパイスキーマカレー …… 65
バッファローウィング …… 72
スパイシーローストナッツ …… 75
ピリ辛空心菜炒め …… 76
ひよこ豆のフムス …… 78
白身魚と野菜のタジン …… 94

ガラムマサラ
簡単バターチキンカレー …… 63
なすたっぷり！本格スパイスキーマカレー …… 65
スパイシーローストナッツ …… 75
スパイスまみれ★香ばし唐揚げ …… 82

カルダモン（ホール・パウダー）
簡単ビリヤニ …… 44
インド気分♪ サグチキンカレー …… 64
なすたっぷり！本格スパイスキーマカレー …… 65
インド直伝！タンドリーチキン …… 79
チャイ風かぼちゃスープ …… 115
スパイスアールグレイシフォンケーキ …… 118
こだわりスパイスの本格チャイティー …… 124
自家製★クラフトコーラ …… 124

カレーパウダー
ゆで卵とほうれんそうの
カレークリームグラタン …… 26
サモサ風
ポテトとひき肉のクミン風味春巻き …… 36
ラクサ …… 54
鶏肉とカリフラワーのサブジ …… 80
えびの卵カレー炒め
（プーパッポンカリー風） …… 98
トマトカレー鍋 …… 111
ハーブとスパイスの野菜レンズ豆スープ …… 117

キャラウェイシード
トマト牛肉めん …… 89
チーズ、ハーブ、岩塩のクッキー …… 120

クミン（ホール・パウダー）
ラムのクミン炒め …… 36
サモサ風
ポテトとひき肉のクミン風味春巻き …… 36
簡単ビリヤニ …… 44
本格スパイスチキンカリー …… 62
簡単バターチキンカレー …… 63
インド気分♪ サグチキンカレー …… 64
なすたっぷり！本格スパイスキーマカレー …… 65
メネメン …… 68
スパイス好きの簡単スパイシーチキン …… 70
いんげんのピリ辛あえ 冷奴にのせて …… 74
ポンデケージョ …… 75
スパイシーローストナッツ …… 75
ひよこ豆のフムス …… 78
インド直伝！タンドリーチキン …… 79
にんじんのハーブスパイスピクルス …… 79
鶏肉とカリフラワーのサブジ …… 80
スパイスまみれ★香ばし唐揚げ …… 82
枝豆のスパイス炒め …… 83
トマト牛肉めん …… 89
白身魚と野菜のタジン …… 94
チキンとドライフルーツの煮込み …… 95
にんじんのスパイスポタージュ …… 114
ピリ辛！中華風春雨スープ …… 117

クローブ
ウーロン煮豚のスパイスじょうゆ漬け …… 39
こだわりスパイスの本格チャイティー …… 124
自家製★クラフトコーラ …… 124

コリアンダーシード
本格スパイスチキンカリー …… 62

コリアンダー（パウダー）
簡単ビリヤニ …… 44
インド気分♪ サグチキンカレー …… 64
なすたっぷり！本格スパイスキーマカレー …… 65
インド直伝！タンドリーチキン …… 79
スパイスまみれ★香ばし唐揚げ …… 82
チキンとドライフルーツの煮込み …… 95
にんじんのスパイスポタージュ …… 114

サフラン
チキンとドライフルーツの煮込み …… 95

シナモン（スティック・パウダー）
ウーロン煮豚のスパイスじょうゆ漬け …… 39
簡単ビリヤニ …… 44
ターメリックライス …… 58
スパイスまみれ★香ばし唐揚げ …… 82
トマト牛肉めん …… 89
ハリラスープ …… 95
チキンとドライフルーツの煮込み …… 95
チャイ風かぼちゃスープ …… 115
スパイスアールグレイシフォンケーキ …… 118
シナモン香る！丸ごと焼きりんご …… 121
スパイシーラム・チーズケーキ …… 122
こだわりスパイスの本格チャイティー …… 124
自家製★クラフトコーラ …… 124

ジンジャーパウダー
スパイスアールグレイシフォンケーキ …… 118

ターメリック
簡単ビリヤニ …… 44
フライパンパエリア …… 48
ポークビンダルー …… 58
ターメリックライス …… 58
本格スパイスチキンカリー …… 62
簡単バターチキンカレー …… 63
なすたっぷり！本格スパイスキーマカレー …… 65
インド直伝！タンドリーチキン …… 79
ハリラスープ …… 95
トマトカレー鍋 …… 111

チリパウダー
スパイス好きの簡単スパイシーチキン …… 70
インド直伝！タンドリーチキン …… 79

ナツメグ
スパイスまみれ★香ばし唐揚げ …… 82
チーズ、ハーブ、岩塩のクッキー …… 120
スパイシーラム・チーズケーキ …… 122

八角
ウーロン煮豚のスパイスじょうゆ漬け …… 39
ルーロー飯 …… 47

パプリカパウダー
ラムのクミン炒め …… 36
ポークビンダルー …… 58
スパイシーローストナッツ …… 75
インド直伝！タンドリーチキン …… 79
トマト牛肉めん …… 89
白身魚と野菜のタジン …… 94
にんじんのスパイスポタージュ …… 114

ピンクペッパー
サーモンのカルパッチョ …… 70

花椒（ホワジャオ）
しっとりよだれ鶏 …… 31
さばの竜田揚げ花椒まぶし …… 38
汁なし担々めん …… 55
いんげんのピリ辛あえ冷奴にのせて …… 74
ポリ袋でスパイシーきゅうり …… 82
大人のスパイシー餃子 …… 83
たたききゅうりの花椒ディルあえ …… 88
皿ワンタン …… 89
火鍋 …… 102

その他

クコの実・ナツメ
火鍋 …… 102

グリーンカレーペースト
チキン、なす、たけのこのグリーンカレー …… 59

staff

料理 ―――――――― 上田淳子（Part1、p.80-81、104-105）
ツレヅレハナコ（表紙、Part2、p.68-69、p.102-103）
小堀紀代美（Part4、p.74-75、p.106-107）
撮影 ―――――――― 原ヒデトシ（表紙、大扉、上記頁の料理） 関根 統（ハーブ＆スパイスカット）
スタイリング ――――― 遠藤文香（表紙、大扉、上記頁の料理）

クックパッドのレシピ（p.62-65、Part3、Part5、p.108〜117、スイーツ）
制作協力 ―――――― クックパッドをご利用のみなさん
監修 ―――――――― クックパッド株式会社 cookpad.com
再現・スタイリング ― EAT TOKYO
撮影 ―――――――― 田部信子（クックパッド） 関根 統（ハーブ＆スパイスカット）

装丁・本文デザイン ― 蓮尾真沙子（tri）
編集・文 ―――――― 中野桜子
編集デスク ―――――― 北川編子（光文社）

クックパッドからおいしいレシピを厳選しました
たったひとふりの魔法 ハーブ＆スパイス recipe105

2021年12月30日 初版第1刷発行

監 修 クックパッド
発行者 田邉浩司
発行所 株式会社 光文社
〒112-8011 東京都文京区音羽1-16-6
電話 編集部03-5395-8172
書籍販売部03-5395-8116
業務部03-5395-8125
メール non@kobunsha.com
落丁本·乱丁本は業務部へご連絡くだされば、
お取り替えいたします。
組版 堀内印刷
印刷所 堀内印刷
製本所 ナショナル製本

ISBN978-4-334-95281-5